Carola Schuster-Brink

# Lachen macht Erziehung leichter

Fröhliche Kinder machen weniger Probleme
Damit Kindern und Eltern das Lachen nie vergeht

# SÜDWEST

# Inhalt

# Vorwort

Solange Kinder Babys sind, kann man sich gar nicht vorstellen, daß eines Tages Erziehungsprobleme auftauchen könnten.

Gewiß machen Babys auch Probleme, aber was sind die gegen einen erdbebenartigen Trotzanfall oder den Aufstand des gerade erwachten Willens?

Vorbei ist die Zeit, in der ein zahnloses Lächeln die Herzen im Sturm eroberte. Vorbei aber auch die Zeit, in der es nur eine Erziehungsparole gab: verwöhnen, verwöhnen, verwöhnen.

Alles, was unser Kind jetzt braucht, ist Erziehung! Wie soll es sich sonst im Kindergarten zurechtfinden und später in der Schule? Und was sollen Freunde und Verwandte denken, wenn unser Kind nicht ordentlich funktioniert?

Zu dumm nur, daß sich das Kind der Erziehung widersetzt. Mit Ablehnung, Geschrei und Wutanfällen reagiert es auf noch so gut gemeinte Erziehungsversuche. Da kommen sich manche Eltern ganz klein und hilflos vor. Wie kann es nur sein, daß der süße Herzensbrecher von gestern ab heute den Wüterich und Neinsager spielt?

Freuen Sie sich, daß Ihr Kind mit so viel Aufbruchstimmung ins Leben stürmt. Es ist normal, daß jetzt die Fetzen fliegen. Lernen Sie, Ihr Kind mit anderen Augen zu sehen. Wenn Sie wissen, warum es sich so verhält und was es dabei lernt, werden Sie staunen, anstatt sich zu ärgern. In meinem Buch »Wenn Erziehung an den Nerven zehrt« habe ich versucht, einmal all die Ärgernisse darzustellen, die zwischen Kindern und Erwachsenen das Klima strapazieren und auf beiden Seiten den Kragen platzen lassen.

Nicht nur die Eltern fühlen sich hilflos, dem Kind geht es genauso. Was gestern noch freudig beklatscht wurde, soll heute nicht mehr erlaubt sein?

In diesem Buch will ich versuchen, Ihnen das Lachen in der Erziehung als einen Schlüssel in die Hand zu geben, mit dem Sie Ihr Kind regelrecht aufschließen können. Lachen ist eine Haltung. Lachen hat mit Augenzwinkern zu tun. Lachen befreit, weil es den Blick frei macht für das Wesentliche des Kinderalltags.

Wer lacht, steht über der Sache. Und von oben, soviel ist sicher, sieht alles ganz anders aus: viel weniger eng, gar nicht mehr bösartig, eigentlich schon genial einfach und meist auch herzerfrischend fröhlich.

Denn so sind sie, unsere Kinder, wenn man sich nur getraut, sich ganz und gar auf ihre Seite zu stellen: gar nicht bösartig, vielmehr herzerfrischend fröhlich, sehr einfach und kein bißchen eng.

*Wer lacht, steht über der Sache. Und von oben, soviel steht fest, sieht alles ganz anders aus: herzerfrischend fröhlich und gar kein bißchen eng.*

# Babys, die lächelnden Herzensbrecher

## Lächelnd beginnt das Leben

Voller Seligkeit schließen Mutter und Vater ihr Neugeborenes noch im Kreißsaal in die Arme. Wenn sich das Baby nach der Geburt entspannt hat, sieht es aus, als würde ein erstes Lächeln sein Gesicht verklären.
Die Wissenschaft streitet sich darüber, wann ein Baby bewußt lächelt. Aber kann es Sache der Wissenschaft sein, über das Lächeln eines Babys zu befinden? Jede Mutter, jeder Vater weiß, wann das Lächeln des Kindes ihr oder ihm ganz persönlich gilt.

*Unvergeßlich ist Babys erstes Lächeln. Und was tun Eltern nicht alles, um dem Kind wieder dieses bezaubernde Lächeln zu entlocken!*

# Lächeln, eine wichtige Mitteilung

Schon Neugeborene sind zu vielerlei Grimassen fähig.
Meist schauen die Eltern dann eher besorgt drein.
Was will das Kind jetzt mitteilen? Fehlt ihm etwas? Hat
es Hunger, Schmerzen, ist es naß?
Nur einen Gesichtsausdruck können sie ohne Sorgen
deuten: das Lächeln. Und wenn das Baby lächelt,
lächeln die Eltern selig zurück: Gott sei Dank, es fehlt
ihm nichts, es fühlt sich wohl!
Lächeln ist die zunächst wichtigste Kommunikations-
form zwischen Eltern und Kind, wenn man einmal
davon absieht, daß jede Form der Pflege und
Ernährung elementare Kommunikation bedeutet.

## Lächeln ist Lohn, der reichlich lohnt

Jede Mutter fühlt sich durch das Lächeln ihres Babys
reich beschenkt. Das Baby hat ja sonst nichts, nur eben
dieses bezaubernde Babylächeln. Und damit belohnt es
seine Umwelt. Und die Umwelt wird nicht müde, alles
Erdenkliche zu tun, damit das Baby lächelt.
Das Lächeln wird zu einer Art Währung, mit der Baby
und Umwelt ins Geschäft miteinander kommen.
Die leisesten Unmutsfalten in Babys Gesicht regen Mutter oder Vater dazu an, seine Lage zu verändern, ihm
gut zuzureden oder es auf den Arm zu nehmen. Nun
lacht das Baby wieder. Die Eltern sind zufrieden. Dem
Kind geht es gut.
Jedes Baby gibt beständig Signale, die auf seine Umwelt
einen großen Reiz ausüben. Babygeschrei kann kaum
jemand ertragen, ohne zutiefst angerührt zu sein und
auf Abhilfe für Babys Not zu sinnen. Über die Verzau-
berung durch ein zufrieden lächelndes Baby sprachen
wir schon.
Lächeln und Weinen – und alle Varianten davon – sind

Mit Lächeln und Weinen und allen Varianten davon hat das Baby eine breite Palette der Mitteilungs-möglichkeiten zur Verfügung. Je mehr Verständnis ihm zuteil wird, desto breiter wird die Palette.

Babys unüberhörbare, unübersehbare Signale, die allesamt nur eines ausdrücken wollen: Liebt mich in dieses Leben hinein, aus eigener Kraft schaffe ich es nicht! Fast alle Eltern verstehen diese Signale und reagieren mit Aufmerksamkeit und Zuwendung.

Erfährt ein Baby oft, daß seine Signale nicht beachtet werden, verliert es sein Lächeln. Und mit dem Verschwinden des Lächelns nimmt die Kinderseele Schaden. Diese frühen Schäden bleiben oft ein Leben lang.

## Ein Kind ins Leben lieben

Ungeliebte Babys können sterben, ohne körperlich krank zu sein. Die Kraft, mit dem Existenzkampf fertig zu werden, beziehen Babys aus der sie umgebenden Liebe. Babys kann man gar nicht verwöhnen. Sie brauchen die ständige Aufmerksamkeit und Zuwendung ihrer Umgebung, um überhaupt zu überleben.

Sobald das Baby die Welt der Töne entdeckt, wird aus seinem Lächeln ein vernehmliches Gurren, Quietschen und schließlich ein herzliches Lachen. Niemand kann sich diesen Tönen entziehen. Babylachen ist die Steigerung des lächelnden Herzensbrechers, vor dem jeder Widerstand erlahmt. Was lassen sich Eltern nicht alles einfallen, um dieses Babylachen wieder und wieder zu hören! Da wird das Baby geschaukelt und getragen. Es wird berührt, gekitzelt und gestupst. Einfache Handlungen, die das Kind zum Lachen bringen, werden endlos wiederholt.

Baby zahlt in der Lächelwährung für Sinnesreize, die es für seine Entwicklung dringend braucht. Würde es nicht lächeln, nicht vor Vergnügen quietschen und lauthals lachen, käme kein Mensch auf die Idee, so viel Schabernack mit dem Baby zu treiben. Seine Sinne würden verkümmern. So hat die Natur mit viel Weisheit das Baby mit diesem wundersamen Lächeln und Lachen ausgestattet. Die Umwelt, Mutter und Vater sind bewegt.

Ihr Baby unterhält sich mit Ihnen in der Sprache des Lächelns. Es freut sich, daß Sie sich ihm freundlich nähern, und lächelt Sie an. Sicherlich lachen Sie auch und liebkosen dabei.

*Von der Schulter des Vaters aus sieht die Welt völlig anders aus. Nicht zu fassen, was man da alles entdecken kann! Kein Wunder, daß Baby ständig zurück auf den Arm möchte.*

Und sie bewegen sich! Und durch ihre Bewegung wird das Kind, das fast noch bewegungsunfähig ist, mitbewegt. Es wird zum Fenster getragen, zum Vogelkäfig, zur Türglocke, zum Blumenstrauß.

Es kann die Welt von der Schulter des Vaters aus betrachten und vom Schoß der Mutter, aus der Sofaecke und vom Teppich her. Und immer sieht die Welt anders aus!

Genau das ist es, was das Baby jetzt braucht, damit alle seine Sinne gedeihen. Lächelnd hat es seiner Umwelt beigebracht, was Sache ist: Bewegung, um mehr wahrnehmen zu können, bis es selbst in der Lage sein wird, sich auf alle bestaunten Dinge voller Neugier allein zuzubewegen.

# Lächeln macht Lernen möglich

Babys Faszination durch Dinge, Bewegungen, Handlungen, Licht, Farben, Formen und Töne äußert sich durch Lächeln und Lachen, durch freudiges Zappeln. Solange das Baby vergnügt ist, bringen wir alle Energie auf, um Babys Vergnügen zu halten oder sogar zu steigern. Und immer lernt das Kind. Es kann gar nichts anderes tun. Es schaut, horcht, riecht, schmeckt, tastet, nimmt Bewegungen wahr. Und schon bald erinnert es sich. Dann möchte es alles wiederholen und am liebsten so, wie es schon einmal war. Damit bestätigt es sich, daß seine Erinnerung funktioniert.

Was wir jetzt von dem Baby lernen könnten, wenn wir dazu fähig wären, gänzlich umzudenken, dann wäre es dies: Zum Lernen gehört untrennbar das Lachen! Später wird dasselbe Kind in der Schule oder in seinem Kinderzimmer sitzen und mit zusammengebissenen Zähnen die Fehler seiner Rechenarbeit korrigieren. Das Lachen ist ihm vergangen. Die ewigen Rechenpäckchen machen ihm keinen Spaß. Es ist nicht bewegt. Es bewegt sich nichts. Die Sinne verschließen sich dem mechanischen Auflösen seiner Rechenaufgaben.

## Eine Welt im Chaos

Wenn ein Kind geboren wird, findet es eine Welt voller Geräusche vor, ein arges Durcheinander. Zwar kennt es die Stimme seiner Mutter noch aus der Zeit vor der Geburt. Aber jetzt, ohne die schützende Hülle, hört sich alles ganz anders an.

Ganz langsam beginnt es, Ordnung in die Vielfalt der Eindrücke zu bringen. Die Stimme der Mutter wird damit zu einem Fixpunkt in seinem Leben. Kann es die Mutter hören, so ist sie nah. Kann es sie sehen, so ist sie noch näher. Die mütterliche Nähe bedeutet alles für das

Nie wieder lernt ein Kind so viel und so fröhlich wie im ersten Lebensjahr. Vielleicht liegt das auch daran, daß es später kaum je wieder so viel Beistand findet wie in seiner Zeit als lächelnder Herzensbrecher.

Kind: Nahrung, Wärme, Hautreize, Liebe. Hört oder sieht es die Mutter nicht, fühlt es sich sofort und augenblicklich verlassen. Kluge Mütter wissen das und machen regelmäßig »Meldung« bei ihrem Baby. Sei es, daß sie singen, reden oder ihr Gesicht in Babys Blickfeld bringen. So fühlt sich das Baby keinen Augenblick so verlassen, daß es in Geschrei ausbricht.

Muß es erst schreien, um die Mutter in seine Nähe zu locken, so lernt es Schreien als erfolgreiche Methode kennen. Und da Babys sehr klug sind, erinnern sie sich an ihre Erfolge und wenden die erfolgreichen Methoden an, sooft sie Verlangen nach Zuwendung haben.

## Schreien als Erfolgsmethode

Sicher gibt es Babys, die aus sehr unterschiedlichen Gründen mehr schreien als andere. Unbestritten aber ist, daß Schreien Zuwendung bringt. Wer kann schon ein Baby schreien hören, ohne bewegt zu sein?
Und wer bewegt ist, bewegt sich auf das Baby zu und lindert damit seine Not.

*Babys schreien keineswegs immer aus körperlicher Not. Viel öfter, als Erwachsene denken, leidet die kindliche Seele Mangel. Schreien ist immer eine sehr ernste und dringende Mitteilung.*

Für ein Baby ist die Welt voller beängstigender Eindrücke. Deshalb braucht es das Gesicht der Mutter, ihre mimische und auch die sprachliche Reaktion auf ein Ereignis, damit es dieses Ereignis einordnen kann.

## Was will das Kind?

Sehr vereinfacht könnte man sagen, ein Kind will möglichst viel wahrnehmen, um möglichst viele Eindrücke zu erhalten, die es dann ordnen kann.

- Welche Stimme gehört zu welchem Gesicht?
- Kommen die Schritte auf sein Bettchen zu, oder entfernen sie sich?
- Hört es die Stimme der Mutter reden, wenn das Telefon klingelt?
- Kommt der Vater, wenn die Türglocke läutet?
- Wird es gebadet, wenn es Wasser rauschen hört?

Wir Erwachsenen haben uns in die Welt hineingefunden und wissen in ihr Bescheid. Wir können die Sirene eines Krankenwagens von der eines Polizei- oder Feuerwehrautos unterscheiden und wissen, ob in der Nähe oder in der Ferne etwas los ist. Wir haben gelernt, Halten und Vorbeifahren dem Geräusch nach zu unterscheiden. Wir können uns zudem die drei genannten Autos vorstellen: Die Polizei ist grün, die Feuerwehr rot, der Krankenwagen meist weiß mit rotem Kreuz. Wir zucken mit keiner Wimper und heben den Kopf nicht, wenn draußen die Sirene geht. Wozu auch? Wir haben ja alle Informationen im Kopf und sind frei von jeder Beunruhigung. Ein Baby hört dieselbe Sirene und kann sich überhaupt keinen Vers darauf machen. Sieht oder hört es jetzt nicht seine Mutter (oder ständige Bezugsperson), schreit es, weil es auf Unerklärliches und damit Beängstigendes gestoßen ist.

## Im Gesicht der Mutter lesen

Regt sich die Mutter nicht auf, lächelt sie gar, weiß es, daß es nichts zu befürchten hat. Ist die Mutter beunruhigt, regt sie sich auf, ordnet das Baby das auslösende Ereignis ebenfalls als aufregend oder sogar gefährlich ein. Sehr oft geschieht es, daß Mütter, die sich vor

*Wenn man noch so klein ist, gibt es kaum etwas, was man nicht dringend bestaunen oder anfassen möchte. Da ist es sehr hilfreich, wenn der Erwachsene zur Stelle ist und man in seinem Gesicht lesen kann, was Sache ist.*

Gewittern oder Mäusen fürchten, Kinder haben, die ebenfalls mit Furcht reagieren. Sie haben im Gesicht der Mutter gelesen, daß es sich um eine beunruhigende Situation handelt.

## Seelenqual in der Menschenmenge

Schiebt man einen Buggy oder Sportwagen mit sehr kleinen Kindern mutterabgewandt, sind die Kinder oft großem Streß ausgesetzt. Sie nehmen etwas wahr, was sie nicht einordnen können. Das Gesicht der Mutter ist schwer zu erreichen, zudem achtet die Mutter auf ganz andere Dinge, da sie einen völlig anderen Blickwinkel hat. Wenn das Kind die beunruhigende Wahrnehmung mit Geschrei beantwortet, weiß die Mutter in aller Regel nicht, was die Ursache ist. Bekommt das Kind nun seinen Schnuller oder, was noch schlimmer ist, seine Teeflasche zur Beruhigung in den Mund gedrückt, bleibt das angstauslösende Moment erhalten. Das Kind lernt: Wenn ich dringend eine Information brauche, gibt's Tee oder Schnuller. Hier geht ein wichtiger Teil des gerade beginnenden Vertrauens verloren. Wenn die Mutter dem Kind – ein paar Jahre später – sagt: »Du kannst mir alles sagen«, wird das Kind sich eher zurückhalten. Frühe Erfahrungen haben es gelehrt, daß sein Bedürfnis nach Information oft nicht richtig befriedigt wird.

## Ein Kind weint nie ohne Grund

Ein Baby lächelt, weil es seine Mutter, seinen Vater, seine Bezugspersonen über alles liebt. Diese positive Energie schließt es für alle Eindrücke auf und ermöglicht ihm ständiges Lernen. Aber das Baby braucht für seine Liebe auch dauernde Beweise.

Es muß hören oder sehen, daß sein Liebesobjekt anwesend ist. Ist es unsicher, weint es. Glaubt es sein Liebesobjekt verloren, was sehr leicht geschieht, schreit es vor Verzweiflung. In vielen ursprünglichen Kulturen richten es die Mütter so ein, daß sie beständigen Hautkontakt zu ihren Babys halten. Dies ist ein kluger Brauch. Erst im zweiten, manchmal auch im dritten Lebensjahr begreift ein Kind, daß die Mutter nicht für immer fort ist, wenn es sie eine halbe Stunde weder sieht noch hört. Man muß das wissen, wenn man ein kleines Kind trösten will, das untröstlich schreit. Wirkliche Hilfe kommt nur von der Mutter oder einer sehr vertrauten anderen Person. Und weil der Kummer so elementar ist, hilft weder gutes Zureden noch Ermahnen. Verzweiflung entzieht sich dem Verstand.

Es wurde schon an anderer Stelle gesagt, daß Lachen und Lernen zusammengehören. Daraus folgt für die Erziehung ein sehr einfacher Satz: Setzen wir alles daran, unseren kleinen Herzensbrechern ihr wunderbares Lächeln zu erhalten!

**B**abyschreien ist immer ein begründeter Hilferuf und keine Tyrannei. Helfen Sie Ihrem Baby, wenn es Sie ruft. Denn wer in der frühen Kindheit grundsätzlich Trost und Hilfe bekommt, wenn er diese braucht, der entwickelt ein großes Urvertrauen.

# Die Vertreibung aus dem Land des Lächelns

## Der Einbruch der Erziehung

In Babys heile Welt der Zuwendung, der Aufmerksamkeit und des Beistandes bricht eines Tages die Erziehung ein. Es ist der Augenblick, in dem Eltern sich der ganzen Verantwortung bewußt werden, die sie für dieses Kind übernommen haben. Es reicht ihnen nicht mehr aus, einen einzigartigen Wonneproppen großzuziehen, sie möchten ihren Sonnenschein auch ganz konkret aufs spätere Leben vorbereiten. Und dazu ist es notwendig, daß das Kind jetzt das lernt, was die Eltern als Programm für ihr Kind vorgesehen haben. Und dazu gehört gar manches, was sie nur mit Druck und Strenge erreichen können. Und ihre Entschlossenheit, das auch gegen jeden Widerstand durchzusetzen, steht ihnen ins Gesicht geschrieben. So kommt es, daß viele Kinder, die es ja meisterhaft verstehen, in den Gesichtern ihrer Umwelt zu lesen, schon im Vorfeld durch Gebrüll und Geschrei alle bewußten Erziehungsversuche ihrer Eltern abblocken.

Da macht sich ein Kind stocksteif, wenn es die Mutter mit dem Töpfchen kommen sieht. Der gezückte Waschlappen löst Gebrüll aus, Lernspielzeug wird plötzlich verabscheut, und aus dem Elternbett lassen sie sich nur noch durch Gewalt vertreiben. Jetzt fragen sich die Eltern wehmütig, wo das Lächeln von gestern geblieben ist:

**E**rklären Sie Ihrem Kind jedes Verbot, jedes Nein, das Sie sagen. Je sparsamer Sie mit dem Nein umgehen, desto konsequenter können Sie auch dazu stehen. Bieten Sie lieber vor dem Nein Ihrem Kind einen einsehbaren Kompromiß an.

Ihr eigenes und das des lächelnden Herzensbrechers. Denn wenn das Kind nicht lächelt, mögen sie selbst auch nicht lächeln. Sie meinen es so gut mit dem Kind, aber das Kind läßt sich nicht überzeugen und leistet Widerstand. Unwillen kommt auf. Freunde, Nachbarn und Verwandte streuen kräftig Salz in die Wunden: »Dein Kind müßte doch eigentlich schon längst ...«

## Der Verlust des Lächelns

Es ist ein überaus trauriges Ereignis, wenn zwischen Mutter und Kind, zwischen Kind und Umwelt das Lächeln erstirbt. Wenn die ersten harten und lauten Worte fallen, wenn böse Blicke dem Kind offenbaren, daß die Mutter ganz und gar nicht mit ihm zufrieden ist, wenn bedrohliche Gesten bis hin zum Klaps das Kind spüren lassen: Ich mag dich nicht, so wie du bist!

*Liebhaben wird schon etwas mühsamer, wenn das Kind Vulkan spielt und Feuer speit in Form von Tränen, Wut und Trotz. Aber gerade jetzt ist Trost angesagt, denn Trotzen macht ziemlich fertig.*

## Ein Kind kann nur, was es kann

Und was ein Kind kann, das zeigt es mit Freuden. Das erste Lächeln, den ersten bewußten Griff, das erste Wort, den ersten Schritt, das alles zeigt das Kind mit Wonne und Stolz und gleich viele, viele Male. Auf dem, was es kann, baut es weiteres Können auf. Dazu braucht es keine Erziehung, dazu braucht es nur die liebevolle Unterstützung derer, die es lieb hat. So wird aus dem ersten Lächeln bald ein hörbar herzliches Lachen, aus dem ersten bewußten Griff wird Geschicklichkeit, aus dem ersten Wort werden Mitteilungen, und der erste Schritt mündet in Laufen und Klettern. Das Kind ist stolz auf seine Leistung. Nimmt die Umwelt diese Leistung wohlwollend wahr, steigert das Kind seine Leistung. Es wird immer kompetenter und selbstbewußter. Es weiß um seine Rolle, die es in der Familie spielt, und möchte diese Rolle verteidigen. Daß die Familie, Mutter und Vater, oder andere Bezugspersonen nun plötzlich unzufrieden mit ihm sind, kann es nicht begreifen. Es tut doch, was es kann! Und täglich steigert es sein Können. Warum sieht die Umwelt das nicht? Warum wird nun plötzlich etwas von ihm verlangt, was es gar nicht kann?

*Es ist schon eine Leistung, wenn man endlich auf einer Mauer balancieren kann, ohne gleich umzukippen. Da macht das Lob von Mama und Papa obendrein noch mächtig stolz.*

17

# Ihr Kind ist ein Original

Manchen Eltern wäre es lieber, kein Original mit Ecken, Kanten und Widerständen zu haben, sondern die vorzeigbare Kopie irgendeines Musterkindes, das ihnen einmal imponiert hat. Um sich solche Träume gründlich und für immer abzuschminken, muß man sich einmal intensiv mit der Tatsache auseinandersetzen, warum unsere Kinder so sind, wie sie sind.

- Warum haben Sie eine Tochter statt eines Buben?
- Warum ist Ihr Kind schüchtern?
- Warum hat es blaue Augen?
- Warum hat es so große Füße?
- Warum mag es keinen Sport?
- Woher hat es die kantige Nase?

Um das Kind in seiner stetigen, alles umfassenden Entwicklung zu verstehen, müssen Sie wissen, daß nicht der einzelne Entwicklungsschritt zu einer bestimmten Zeit von Bedeutung ist, sondern die harmonische Gesamtentwicklung.

Die Entwicklung Ihres Kindes verläuft nach zwei miteinander verwandten Programmen. Da ist zunächst eine Art Rahmenprogramm, nach dessen Gesetzen sich der Mensch – schlechthin – entwickelt. Dazu gehört die vorgeburtliche Entwicklung ebenso wie die Lebensabschnitte nach der Geburt, sogar das Altern. Ihr Kind zahnt, wenn andere auch zahnen, läuft, wenn andere auch laufen, kommt mit anderen in die Pubertät und geht zu einer Zeit auf Partnersuche, da andere Gleichaltrige das auch tun.

Zwar gibt es Entwicklungsnormen, aber sie werden beständig unter- oder überschritten, ohne daß dies als auffällig gilt. Da man stets das gesamte Kind beurteilt, zählt es nicht, wenn ein Kind zu einem bestimmten Zeitpunkt dies oder jenes nicht kann. Ein munteres, bewegungstüchtiges, neugieriges Kind spricht im dritten Lebensjahr nur Zweiwortsätze, versteht aber alles. Das Kind ist absolut normal und wird, sobald ihm Sprechenkönnen wichtig ist, vermutlich rasch, viel und gut sprechen.

Wenn Hirn und Muskeln intakt sind und zusammenspielen, verläuft die kindliche Entwicklung in vorhersagbaren Bahnen.

Das Rahmenprogramm »Mensch« sorgt beispielsweise dafür, daß spätestens im ersten Schuljahr lauter Kinder im Klassenzimmer sitzen, die sprechen, laufen, klettern, selbständig essen und trinken können und deren Hirn und Hände so weit ausgereift sind, daß sie das Lesen und Schreiben und das kleine Einmaleins erlernen können. Fast alle Kinder sind gleich groß und annähernd gleich schwer, haben die gleiche Anzahl von Milchzähnen und sind »stubenrein«.

Wollte man beim Menschen Entwicklungsschritte unterdrücken oder beschleunigen, müßte man damit rechnen, daß man eine Kettenreaktion auslöst, eine Art Chaos im Rahmenprogramm. Die übertölpelte Natur schlägt immer zurück, denn ein Kind kann tatsächlich nur, was es kann. Und können heißt, in Ruhe herauszubilden, was die Natur vorgesehen hat. Dazu gehört ein

*Kein Kind ist wie das andere. Und auch wer mehrere hat, muß sich darauf gefaßt machen: nur Originale! Und das ist das wirklich Aufregende am Elternsein.*

ganz wichtiger Faktor: das Üben. Zum menschlichen Rahmenprogramm gehört sogar permanentes Üben. Es gibt kein Können ohne Üben. Aber davon wird in diesem Buch noch oft die Rede sein.

## Ihr Kind hat ein höchst individuelles Programm

Kaum ist ein Kind auf der Welt, schauen Verwandte und Bekannte neugierig in sein Gesicht: Von wem hat es die Nase, die Ohren, die superlangen Finger? Ganz der Vater, ganz die Mutter, lautet meist der Kommentar.

Ihr Kind ist nicht als unbeschriebenes Blatt zur Welt gekommen. Manche Eltern nehmen das fälschlich an und glauben, wenn sie dieses leere Blatt nicht dauernd beschreiben, steht am Ende nichts Vorzeigbares drauf. Längst bevor Sie ahnten, daß ein Kind unterwegs ist, war Ihr Kind bereits ein randvoll gefülltes Buch. Sie haben richtig gelesen. Passiert ist das so:
Jeden Monat im Leben einer geschlechtsreifen Frau macht sich aus einem Vorrat von etwa einer viertel Million Eizellen ein Ei (selten mehrere) auf den Weg in die Gebärmutter. Wenn es dort innerhalb von etwa zwei Tagen auf keine männliche Spermazelle trifft, stirbt es ab. Trifft es aber eine Spermazelle, läßt es diese sogleich in seine Hülle schlüpfen.
Und nun geschieht es, daß der weibliche und der männliche Kern miteinander ein Buch schreiben. Sie lagern dicht nebeneinander und tauschen wichtige Informationen aus. Sie haben sich eine Menge zu sagen! Schließlich steckt in jedem Kern die Mitgift unzähliger Jahrhunderte und Generationen. Und nun geht es darum, die Karten für ein neues Leben neu zu mischen.
Nach etwa 30 Minuten haben die beiden Kerne das neue Programm gemeinsam fertiggestellt. Und alsbald entstehen zwei neue Kerne. Das ursprüngliche Ei teilt sich. Und das ist der Beginn eines nie dagewesenen Individuums, der Beginn einer höchst individuellen Menschengeschichte.

## Was steht im Buch der ersten Stunde?

Zunächst einmal das Geschlecht und dann das menschliche Programm schlechthin, der Zeitplan der Entwicklung, ein Katalog von Funktionen und Möglichkeiten, man könnte auch von Normen sprechen.

Es ist normal, daß ein Kind neun Monate im Mutterleib heranreift und dann mit einer Grundausstattung zum Überleben geboren wird: Es kann schlucken, beginnt zu atmen, schreit, schläft, wacht, macht in die Windeln, empfindet Hunger, genießt Wärme, Sättigung und Zuwendung. Man kann sagen: Etwa genauso verhalten sich (fast) alle Säuglinge. Man kann auch umgekehrt sagen: Kein Säugling steht mit zwei Monaten, spricht mit drei Monaten und läuft mit einem halben Jahr davon. Das menschliche Programm sieht das ganz einfach nicht vor.

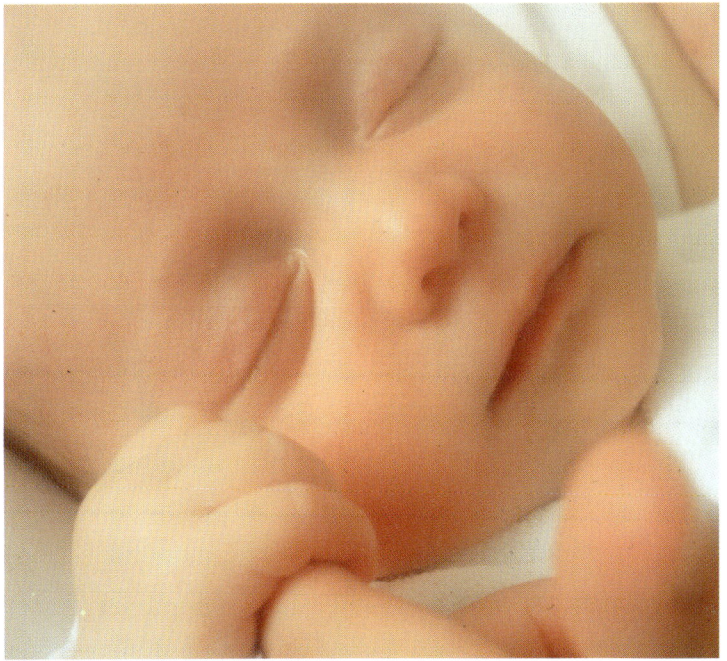

*Früher glaubte man, Babys kämen »dumm« zur Welt, als unbeschriebene Blätter eben. Heute weiß man, wie kompetent sie sind und was sie schon alles können, bevor sie das Licht der Welt erblicken.*

Wenn man die Intelligenz eines Kindes testen will, geht man von Erfahrungswerten aus, die in unserem Kulturkreis gesammelt wurden. Dazu gehören Sprache, Beobachtung, Reaktion und die Fähigkeit zum Strukturieren.

## Was ist individuell an Ihrem Kind?

Ob es ein Junge oder ein Mädchen wird, das bestimmt der männliche Kern. Mütter sind – selbst in Königshäusern! – nicht an der Geschlechtswahl der Nachkommen beteiligt. Das bestimmen allein die Gene des Vaters. Aber alles andere ist meist redlich geteilt.

Die Form der Nase kann der männliche Kern bestimmt haben, genausogut der weibliche. Hände, Füße, Kopfform, Ohren, Mund und Körperbau gehören zur individuellen Ausstattung Ihres Kindes. Manches wird Ihnen bekannt vorkommen, anderes fremd. Vielleicht fragen Sie sich ein Leben lang, woher Ihr Kind seine bezaubernden Kringellocken hat, während doch Eltern, Großeltern, Tanten und Onkel durch aalglatte Haarstruktur glänzen. Der Hand-, Fuß- oder Daumenabdruck Ihres Kindes ist so unverwechselbar, daß es im Grunde gar keinen Paß haben müßte. Niemand sonst vermag die Spur zu hinterlassen, die Ihr Kind mit Hand oder Fuß zu prägen vermag.

Das Wesen Ihres Kindes ist von mehreren Erbfaktoren gekennzeichnet. Intelligenz ist angeboren, bedarf jedoch der beständigen Entfaltung, also des Übens.

## Begabung und Übung

Etwa zur Einschulung steht fest, ob ein Kind den Anforderungen gewachsen ist oder nicht. Reicht die Intelligenz nicht aus oder ist sie in überreichlichem Maße vorhanden, bietet sich oft das gleiche Bild: Das Kind entspricht den Anforderungen nicht und wird einem anderen Schulsystem zugeordnet. Dieses frühe Sortieren tut Eltern und Kindern weh. Besser ist ein Schulsystem, das allen Kindern gezielte Angebote macht und mit Geduld abwartet, was den Kindern zum Lernen dienlich ist.

Die kindliche Begabung ist angeboren. Ob ein Kind mit 17 Geigenvirtuose ist oder ein Tennis-As, hat mit seiner

Begabung zu tun. Allerdings auch mit Üben. Begabung
ohne Üben verkümmert. Wenn jedoch die Begabung
fehlt, nützt Üben nur bedingt: Tennis kann eine wun-
derbare Beschäftigung sein, auch wenn an einen Pokal
nicht zu denken ist. Manchen Kindern wird von ehrgei-
zigen Eltern eine Begabung angedichtet, die real nur
spärlich vorhanden ist. Die Kinder werden zum Üben
gezwungen in der Hoffnung, daß die Begabung nach-
wächst. Aber die Natur kann nicht nachträglich handeln. In der Stunde Null des Menschen werden die Karten unwiderruflich gemischt. Eigentlich tröstlich. Denn
es ist nicht auszudenken, was Erziehung sich anmaßen
würde, wenn sie dazu nur halbwegs imstande wäre!

## Eltern sind die Gärtner der Begabung

Und kein Geringerer als Ihr Kind zeigt Ihnen den richtigen Weg. Ein Kind kann wirklich nur, was es kann. Und
was es kann, das tut es mit Freude. Und diese Freude ist
der einzige Dünger, der bei der zarten Pflanze Begabung
erlaubt ist und letztendlich zum Erfolg führt.
Jeder Mensch findet sein Temperament in der Wiege vor.
Da kann man gar nichts machen.
Wenn Sie selbst sehr temperamentvoll sind, in jeder
Gesellschaft den Ton angeben, gerne tanzen, Partys lie-
ben und mit Ihrem Charme jedes Herz brechen, werden
Sie es nur schwer ertragen, wenn sich Ihr Kind schon
beim ersten Kindergeburtstag in die hinterste Ecke ver-
kriecht. Ihnen vergeht das Lachen. Wie gerne würden
Sie Ihr Kind zwingen, lustig und froh und übermütig die
Kindergesellschaft zu dominieren. Fehlanzeige! Ihr
Kind kann nur, was es kann. Jedoch wird es, wenn ihm
Üben Freude macht, ein wenig dazulernen und ein paar
Verhaltensweisen trainieren, die ihm das Leben leichter
machen. So für den Hausgebrauch ... Aber ein Party-
löwe wird es vermutlich nie.
Selbst der Gang eines Menschen, seine Art, sich in die

**B**egabung ist eine zarte Pflanze, die durch zu üppiges Gießen einge-hen kann. Sie kann aber auch ein-gehen, wenn man sie ignoriert oder unterdrückt.

Sofaecke zu werfen oder hastig aufzustehen, seine Handbewegungen und seine Sprechweise wurden ihm vererbt. Gewiß feilt jeder an sich, dessen Bewußtsein erwacht ist und der im Vergleich mit anderen Menschen nicht als Außenseiter gelten möchte. Aber trotz allen Feilens bleibt etwas Typisches erhalten: Der Langsame kann einen Schritt zulegen, der Hastige kann lernen, sich zu bremsen. Der Schnellredner und der Grimassenschneider, der Wortkarge und der hektische Witzbold, sie alle haben die Chance, für eine gewisse Norm zu trainieren und dadurch weniger aufzufallen. Aber das Urtypische an ihnen bleibt ihnen bis ins hohe Alter erhalten. Es wird sogar, wenn die Kontrolle nachläßt, im Alter noch stärker sein als in der Jugend.

*Oft sind es gerade die Großeltern, die sehr unbefangen der dritten Generation gegenüberstehen. Sie haben bereits die Erfahrung gemacht, daß Kinder ihren Weg gehen, gleichviel, wie problematisch oder unproblematisch die Erziehung zuvor verlaufen ist.*

Gewiß gibt es ernsthafte Störungen vor und nach der Geburt, die das Programm eines Menschen empfindlich beeinträchtigen können. Finden Hirn und Muskeln nicht das rechte Zusammenspiel, können Intelligenz, Begabung, Temperament und oft auch der Körperbau nicht ausreifen. Die für das entsprechende Alter aufgestellte Norm wird nicht erreicht. Hier hilft eine besondere Form der Erziehung, die mit dem Kind all das übt, was ihm das Zusammenspiel von Hirn und Muskeln versagt. Nicht Normalität ist das Ziel der Erziehung, sondern Unterstützung beim Lernen und Erfahren. Das gilt für alle Kinder, ob behindert oder nicht.

## Können macht Spaß, denn Können macht unabhängig

Wurde die Natur bei der Entfaltung des inneren Programms nicht nachhaltig gestört, kommt so ein kleiner Mensch recht kompetent zur Welt. Es ist alles bestens angelegt. Alle Anlagen des Körpers und der Seele sind vorhanden. Jetzt ist es Aufgabe der Eltern, dem Kind so viel Unterstützung zu geben, wie es braucht, um zu entfalten, was in ihm steckt. Was nicht in ihm steckt, kann es auch mit der besten Unterstützung nicht entfalten. Das ist die Gratwanderung der Erziehung. Da liegen ihre Tücken.

Wenn es nach mir ginge, würde ich dafür plädieren, das Wort »Erziehung« zu streichen. Bei Kindern hilft kein Ziehen. Wo soll man denn dran ziehen? Ein Kind kann nur, was es kann. Und was es kann, tut es mit Freude. Ob wir daran nun ziehen oder nicht. Und was nicht drinsteckt im Kind, läßt sich weder herausziehen noch erziehen. Auch ein zu kurz geratenes Kind läßt sich ja nicht ziehen und vergrößern und auf die gewünschte Länge bringen. Eng mit der Erziehung verknüpft ist das ungezogene Kind. Das ist eines, bei dem das Ziehen nicht geholfen hat.

Jede Erziehung geht von einem bestimmten Menschenbild aus. So kommt es, daß unterschiedliche Sichtweisen zu höchst unterschiedlichen Erziehungsrichtungen führen.

Doch bei wem hilft schon ziehen? Sind nicht eher die glücklichen Kinder, die zu ihrer Entfaltung auf jede Unterstützung bauen können, im Grunde gar nicht »erziehbar«?

Wer in dieses Leben geliebt wird, akzeptiert die notwendigen Grenzen im Kontext der Liebe, denn er möchte um keinen Preis aus dieser Liebe herausfallen.

Nennen wir's Erziehung, wenn ein Kind die Chance hat, sich entfalten zu dürfen und immer geliebt zu wissen. Wenn das Wort diesen Inhalt hat, werde ich mich nicht mehr für seine Abschaffung stark machen.

## Ihr Kind ist unvergleichlich

Ihr Kind ist von Anfang an ein Individuum wie Sie auch. Selbstverständlich sind die physischen und geistig-seelischen Veranlagungen von den Erbanlagen bestimmt. Wie Sie jedoch ausgeformt werden, liegt allein an der Umwelt.

Seit Sie bewußt in den Spiegel schauen, sind Sie stolz auf Stirn und Nase. Schon Ihre Mutter hat Sie dafür gelobt. Beides, Stirn und Nase, stammt von Onkel Clemens, der Domkapitular in Aachen war. Donnerwetter! Um so weniger glücklich sind Sie über Nase und Ohren Ihres Kindes. Die Nase hat das Kind von Ihrem Vater, mit dem Sie seit Urzeiten auf Kriegsfuß stehen, die Ohren von der bestgehaßten Erbtante Ihrer Familie. So ein Pech!

Doch denkbar ist ja nicht nur ein Nasen- und Ohrendrama, sondern dasselbe gilt für Begabungen, Temperament und andere Wesenszüge.

Zorn, Geiz, Hinterhältigkeit, Rechthaberei, religiöser Eifer, Faulheit, rastlose Emsigkeit, durchschlagender Egoismus – in welcher Familie wären solche Wesenszüge unbekannt? Und solche Wesenszüge kleben immer auch an Namen: Onkel Franz wäre vor Geiz fast verhungert, Tante Hedwig verbrachte ihr halbes Leben beim Pastor und in der Kirche, Großvater Herbert erschlug im Zorn seinen Hund. Und die eigene Mutter war – vorsichtig ausgedrückt – kraß egoistisch.

Je mehr man von den Wesenszügen naher Angehöriger betroffen ist, desto härter trifft es einen, wenn man solche ungeliebten Wesenszüge beim eigenen Kind wiederfindet. Man schaut genau hin. Man nimmt sogar die Lupe zur Hand. Warum eigentlich? Zunächst sollte man sich einmal vorstellen, wie es wäre, wenn man gar keine Verwandten hätte, weder man selbst noch der Partner. Die Gene wären trotzdem dieselben. Allerdings wären sie nicht sichtbar, nicht fühlbar wie bei den vorher geschilderten Fällen.

Wie unbefangen, wie frei von jeglichen Vorurteilen könnte man sein Kind dann betrachten!

Vielleicht würde einen dies oder jenes am eigenen Kind stören, aber es könnte nicht an einer bestimmten Person festgemacht werden. Und es bliebe die Angst aus, das Kind könnte so werden wie die ungeliebte Tante, der ungeliebte Onkel.

## Verdoppelte Erziehung als Gegenwehr

Stellen Mütter oder Väter fest, wie sehr ihr Kind ungeliebten Verwandten ähnelt, oder nehmen sie es unbewußt wahr – was oft noch schlimmer ist –, verdoppeln sie ihre Erziehung.

Diesen Egoismus muß man dem Kind beizeiten austreiben, sonst wird es wie ... na, Sie wissen schon. Diese Faulheit muß rasch unterbunden werden! Man weiß ja, hat ja schon einmal hautnah erlebt, wie das sonst endet. Die Beispiele ließen sich endlos fortsetzen. Leidtragender ist das Kind. Es wird einer vorbeugenden Erziehung ausgesetzt, die durch nichts begründet ist.

Durch wieviel Tiefen muß ein Mensch gehen, bevor er unerträglich geizig wird?

Wie oft ist ein Mensch existentiell verunsichert worden, bevor er rechthaberisch und nervtötend großspurig wird? Und mit der Faulheit ist das auch so eine Sache: Wem kein Erfolg zugetraut wird, wer nicht selbst pro-

Wie praktisch es ist, einen Sündenbock zu haben, weiß jeder. Und so ist es gewiß auch recht praktisch, für die Erbanlagen eines Kindes einen Sündenbock zur Verfügung zu haben.

27

bieren darf, was er kann und möchte, läßt bald die Finger von allem. Es lohnt nicht. Da hat die Umwelt dann ganz schnell das Wort »Faulheit« parat. Nehmen wir als letztes noch den oft beklagten Egoismus. Er mag einen erinnern an wen auch immer:

## Alle kleinen Kinder sind egoistisch

Sie müssen es sogar sein. Sie müssen sich erst einmal vollsaugen mit allem, was die Umwelt bietet, in die sie hineingeboren wurden. Wer keine Güter hat, kann keine verschenken. Erst wenn Kinder reichlich Liebe – auf allen Ebenen des täglichen Lebens – für sich verbuchen durften, beginnen sie sich um andere zu kümmern. Sie werden mitfühlend, teilen gerne, beginnen zu helfen und können Rücksicht nehmen. Und das alles aus eigenem Antrieb und mit dem wohlwollenden Echo ihrer Umwelt. Wer sein Kind mit verdoppelter Kraft erzieht, weil er verhindern möchte, daß sich mutmaßliche Untugenden festsetzen, erreicht meist das glatte Gegenteil. Wird das angeblich »geizige« Kind permanent zum Teilen gezwungen, wird es in erhöhtem Maße seinen Besitzstand verteidigen. Solange es nicht freiwillig teilt, wird es den Sinn des Teilens nicht begreifen. Und es kann sein, daß es Geiz als einzige Methode begreift, um sich die Umwelt erfolgreich vom Hals zu halten. Dann können die Eltern bald sagen, daß sie es haben kommen sehen. Das Kind wetteifert seiner geizigen Tante nach und wird sie bald noch übertreffen.

## Was ist zu tun?

Nehmen wir unsere Kinder als das, was sie sind: einmalige, nie zuvor dagewesene Geschöpfe von großer Individualität. Vertrauen wir dem inneren Programm unserer Kinder. Die Natur hat sie reichlich mit alledem ausgestattet, was sie zu einem kompetenten, glücklichen

**S**ehr oft bewirkt Erziehung das Gegenteil des angestrebten Ziels. Denn meistens wird statt der notwendigen Einsicht nur der Widerstand des Kindes geweckt.

Leben brauchen. Wir müssen nicht nachbessern, was die Natur den Kindern vermeintlich vorenthalten hat. Es ist alles da. Es muß nur zum Vorschein gebracht werden, nicht gezogen, nicht gebremst oder zurückgedrängt werden.

Es versteht sich, daß alles, was hier von Onkel und Tanten gesagt wurde, auch auf die Partner übertragbar ist. Unzähligen Vätern rutscht die Bemerkung raus: »Das hat er von mir!« Es handelt sich dann immer um erwünschte Verhaltensweisen: gute Noten, Mut, Durchsetzungsvermögen, soziale Cleverneß.

Weniger erwünschte Eigenschaften hat das Kind von der Mutter: Unentschiedenheit, mathematische Schwächen, Verzagtheit, Überanpassung, soziale Inkompetenz.

## Mütter sehen ihre Kinder anders

Was sie an ihrem Partner nicht ausstehen können, wurmt sie recht bald an ihren Kindern. Da sie im Laufe der Jahre schmerzlich die Tatsache begreifen, daß man einen erwachsenen Menschen nicht ändern kann, versuchen sie es wenigstens frühzeitig mit den Kindern. Die müssen dann ausbaden, was der Partner an Ecken und Kanten vorzeigt.

Eine solche Erziehung kann niemals fröhlich sein. Hier bleibt, weil das Anliegen der Erziehung ja so todernst ist, das Lachen völlig auf der Strecke. Erziehung ohne Lachen aber ist wie Blumenpflege ohne Wasser. Die Pflanze gedeiht nicht, entfaltet sich nicht, leidet. Erziehung wird unendlich schwer, wenn sie vergleicht und nachmißt. Wenn ich einen jähzornigen Partner habe und ein Kind, das zum Jähzorn neigt, dann kann ich mich mit folgendem Gedanken trösten: Neben meinem Kind gibt es noch Tausende anderer jähzorniger Kinder, die alle nicht – nachweislich nicht! – mit meinem Partner verwandt sind. Jähzorn ist eine menschliche

Erziehung ist keine Waffe, die man auf die dunklen Punkte seines Kindes richten kann.
Erziehung ist Akzeptanz, ist Liebe und Vertrauen darauf, daß unsere Kinder sich positiv entfalten, wenn wir es ihnen nur zutrauen wollen.

Eigenschaft, eine Temperamentsfrage. Sehr viele Menschen können sich gar nicht so über etwas aufregen, daß sie darüber jähzornig werden müßten. Sie besitzen diese Eigenschaft nicht. Und es ist nicht ihr Verdienst, daß sie beständig cool bleiben. Ganz sicher ist aber, daß wiederum sie Partner haben, denen deren ewige Gelassenheit mächtig auf den Wecker geht.

*Es ist eine Temperamentsfrage, wie sehr sich ein Mensch über etwas aufregen kann. Während die einen eine Sache gelassen hinnehmen, explodieren die anderen über dieselbe Sache fürchterlich. Den Kindern geht es da kaum anders.*

## Ihr Kind im Vergleich mit anderen Kindern

Kinder haben es schwer. Werden sie einerseits unter dem Blickwinkel ihrer Erbanteile betrachtet, so müssen sie sich andererseits auch noch gefallen lassen, mit anderen Kindern verglichen zu werden.

Wer sitzt früher, zahnt früher, spricht früher, steht und geht früher? Im Kindergarten setzt das Vergleichen sich ungeniert fort. Während das eigene Kind noch zwischen rechts und links zögert, gibt Nachbars Lisa brav die rechte Hand zum Gruße. Das eigene Kind versteckt sich beim Abholen hinter Vaters Hosenbein, während andere Gleichaltrige schon in aller Öffentlichkeit Small talk betreiben.

Und in der Schule geht es dann erst so richtig los. Statt sich über das satte »befriedigend« des eigenen Kindes zu freuen, nimmt man das Kind ins Verhör, um herauszufinden, wer und wie viele Kinder die besseren Noten haben. Das ist das Salz für die Wunden der elterlichen Eitelkeit, um so recht von Herzen unzufrieden zu sein. Manche Lehrer heizen die Unzufriedenheit noch kräftig an mit dem pädagogischen Standardsatz: »Ihr Kind könnte, wenn es wollte!«

Dieser Satz ist nicht nur uralt und entsetzlich abgegriffen, sondern auch absoluter Blödsinn.

## Kinder müssen funktionieren – müssen sie?

Ein Kind kann, was es kann. Und es kann noch so sehr wollen: Was es nicht kann, wird es auch durch intensivstes Wollen nicht können. Über Üben wird noch zu reden sein. Auch Erwachsene sind keineswegs immer aufnahmebereit. Sie retten sich dann mit Sätzen wie: »Ich habe da einen Blackout«, »Mir steht der Sinn nicht danach«, »Dafür habe ich heute keinen Kopf«. Wenn Erwachsene so etwas sagen, nimmt man sie ernst und glaubt ihnen.

In jeder Klasse sitzen hochsensible, weniger sensible und ziemlich unsensible Kinder dicht nebeneinander. Von allen wird dieselbe Leistung verlangt. Keines kann sagen: »Mir steht heute der Sinn nicht nach Bruchrechnen, weil meine Eltern sich schon zum Frühstück gestritten haben.«

Von Kindern wird verlangt, daß sie Tag für Tag gleichmäßig aufnahmebereit in der Schule sitzen und in sich hineinstopfen, was Lehrer oder Lehrerin ihnen vorträgt. Dabei ist ihr Kopf keinesfalls leer und sorgenfrei. Haben Sie sich schon einmal gefragt, wie Ihr Kind den Schultag erlebt?

- Das geht schon mit dem Wecken los. Wie wecken Sie Ihr Kind?
- In welcher Atmosphäre erwacht das Kind?
- Spürt es Hektik, ist es ausgeschlafen, mag es frühstücken?
- Wie sieht das Frühstück aus?
- Hat es genügend Zeit zum Waschen, Ankleiden und Verabschieden?
- Macht der Schulweg Streß?
- Machen ihm andere Kinder unterwegs Streß?
- Fühlt es sich willkommen in der Klasse?
- Mag es seine Lehrerin?
- Wie verlaufen die Pausen?
- Hört und sieht das Kind ausreichend?
- Verträgt es sich mit dem Kind, das neben ihm sitzt?
- Geht das Kind zur Toilette, oder wartet es ein bis zu Hause?
- Ißt oder trinkt es etwas in der Schule?
- Hat es Freunde in der Klasse, die es auch außerhalb der Schule zum Spielen treffen darf?

Es gibt Kinder, die setzen sich unbekümmert über nahezu alles hinweg. Man kann sie ganz einfach nicht erschüttern. Sie stehen nach einer Prügelei auf, als wäre nichts gewesen. Es gibt aber auch Kinder, denen setzt schon die Androhung einer Ohrfeige so zu, daß sie innerlich tief verstört und verletzt sind.

Kinder haben alle Hände voll zu tun, sich in der nur von Erwachsenen gestalteten Umwelt zurechtzufinden. Da laufen die Schule, die Klassenarbeiten, die Hausaufgaben oft auf der Nebenspur mit. Entsprechend sind die Ergebnisse.

Aber was wollen wir denn eigentlich von unseren Kindern? Sollen sie Asse in der Schule sein und darüber verpassen, sich gemäß ihrem inneren und individuellen Programm zu entfalten? Das Programm der Schule läuft dem inneren Programm unserer Kinder nicht selten sehr zuwider. Sind daran die Kinder schuld?
Wenn man zuviel Druck auf Kinder ausübt, kann es geschehen, daß ihr inneres Programm stagniert, ihr gesunder Widerstand gegen den äußeren Druck erlahmt. Diese Kinder kopieren dann fremde Verhaltensweisen, ahmen Vorbilder nach, die den Eltern genehm sind. Und da sie dafür auch noch Lob ernten, wird ihnen die Kopie bald zur zweiten Haut.
Abgesehen davon, daß so etwas krank machen kann, wird es sich dabei dann später um einen Erwachsenen handeln, der sich an jedes System anpassen kann. Und im privaten Bereich wird man mitleidig sagen: »Er ist eigentlich gar nicht er selbst.«

## Originale kann man nicht vergleichen

Unsere Kinder sind Originale. Und sie sollen es bleiben. Die Schule ist für sie nicht nur ein Ort voller Buchstaben und Zahlen, sondern in hohem Maße auch ein Ort, an dem sie das Leben erlernen. Ein Ort des sozialen Lernens. Ein Ort auch, der ihre ganz speziellen sozialen Bedürfnisse erfüllt – Liebe, Respekt und Anerkennung auch solcher Leistungen, die sich im Unterricht nicht abfragen lassen:

- Mitleidsfähigkeit
- Hilfsbereitschaft
- Toleranz
- Ganz viel Neugier aufs Leben.

Wenn jene Kinder, die immer nur mit einem »befriedigend« nach Hause kommen, einmal erwachsen sind, wird man sie vor allem nach ihren sozialen Fähigkeiten beurteilen. Fehlerfreie Diktate und sauber addierte Rechenpakete stehen dann vielleicht hintan. Wobei es entscheidend ist, sich in bezug auf richtige Sprache nicht allein auf den Computer zu verlassen. Der Kollege Mensch wird vor allem daran gemessen, wie menschlich er ist, wie teamfähig, wie belastbar, wie sozial, wie kreativ und einsatzfreudig. Ich kenne die Schule Ihres Kindes nicht, aber ich bin mir ziemlich sicher, daß dort ein korrekt geschriebenes Wort weitaus besser benotet wird als eine noch so originelle und kreative eigene Wortschöpfung Ihres Kindes, die oft mehr ausdrückt als mancher dudenbekannte Begriff. Nehmen Sie Ihr Kind, wie es ist. Es ist gut so. Vergleichen Sie es mit keinem anderen, denn Originale kann man nicht vergleichen.

*Gute Schulleistungen wünschen sich alle Eltern, die ihren Kindern eine sichere Zukunft garantieren möchten. So gehört es oft zu ihrem größten Kummer, wenn ihr Kind keinen rechten Einstieg findet. Trotzdem: Gute Schulleistungen sind nicht die alleinige Platzkarte für eine sichere Zukunft. Soziale Kompetenz wiegt da oft erheblich mehr.*

# Ist Erziehung nur eine traurige Pflicht?

»Wie traurig muß Erziehung eigentlich sein, damit sie gesellschaftlich anerkannt wird?« Mit diesen Worten begann ein Vortragsredner sein Referat und löste sogleich große Unruhe aus. Das Nachdenken kam später. Er schilderte dann das – oft öffentlich sichtbare – »schöne« Leben von Müttern und Erzieherinnen. Fröhlich singend zieht eine niedliche Kindergruppe mit drei Erzieherinnen durch den Park. Sie lassen sich nieder und machen Picknick. Kann Leben schöner sein? Quietschvergnügte Mütter sitzen am Sandkastenrand und schauen den lieben Kleinen beim Kuchenbacken zu. Gibt es etwas Schöneres, als Mutter zu sein? Macht man den Fernseher an, sieht man bildschöne Mütter, die sich über nichts anderes Gedanken machen als über die Verschlußkraft diverser Windeln, wie herum sie am besten sitzen, damit nur ja kein Tropfen ausläuft. Solche Probleme möchte mancher haben, der mit ganz anderen Widrigkeiten kämpft.

Die Frage drängt sich auf: Warum wollen Erzieherinnen mehr Geld, warum wollen Mütter überhaupt Geld? Ich denke, daß die Erziehungswirklichkeit heute bewußt übersehen wird. Leute, die keine Kinder haben, geben größtenteils zu, daß sie es sich gar nicht zutrauen würden, in der heutigen Zeit Kinder großzuziehen.

- Wohnraum ist teuer. Kommt ein Kind, reicht der bisherige Wohnraum oft nicht mehr aus. Woher das Geld nehmen?
- Familien mit Kindern können sich weniger leisten.
- Die Umgebung reagiert feindlich auf Kinder, sobald diese schreien oder laut sind.

- Der Straßenverkehr verpestet die Luft für Kinderwagenkinder und nimmt den größeren jeden Spielraum.
- Kinder muß man heute ständig zügeln: nicht über die Straße laufen, Süßigkeiten im Supermarkt liegenlassen, Fernseher nicht anschalten und vieles mehr.
- Kinder unterliegen bereits der Mode, ob es um Kleidung, Kinderwagen oder Spielzeug geht. Dem kann man sich als Eltern nicht entziehen, auch wenn man möchte.
- Denkt man an die fortschreitende Umweltzerstörung, vergeht einem vollends der Mut, Kinder in diese Welt zu setzen.

Es ist sicher richtig, keine Kinder zu bekommen, wenn man nur Gebirge von Problemen vor sich sieht. Aber es ist auch nicht von der Hand zu weisen, daß es Probleme gibt und daß alle Eltern und alle professionellen Erzieher unter einem ungeheuren Druck stehen.

*Kinderleben ist nicht immer kinderleicht. Viele Kinder sind von klein auf bereits dem Streß des Schulwegs ausgesetzt. Da denken manche wehmütig an ihren eigenen Schulweg zurück, an damals, als die Schule noch mitten im Dorf stand.*

# Wofür machen wir die Kinder fit?

Es gibt keine heile Welt für Kinder, es hat sie nie gegeben. Auch nicht für Erwachsene.

Fröhlich singende Kindergruppen im Park und plaudernde Mütter am Sandkastenrand sind Momentaufnahmen einer sehr verunsicherten Erziehungslandschaft am Ende eines sehr unruhigen Jahrhunderts.

Erziehen – eine traurige Pflicht? Und wie soll man denn erziehen, für welche Art von Welt? Was können wir uns vorstellen an Werten, Verhaltensweisen, Kenntnissen, Fertigkeiten, die unseren Kindern im nächsten Jahrtausend nützlich sind? Bekommen sie damit einen der raren Arbeitsplätze? Und können sie in einer Gesellschaft bestehen, die immer mehr Ellenbogen zeigt?

Erziehen könnte so einfach sein, so herzlich und fröhlich, wenn man die Kinder nach der Kindheit ganz einfach in eine heile Welt entlassen könnte. Wirklich? Welche Fähigkeiten müßte ein Kind mitbringen, um sich in einer heilen Welt wohl zu fühlen?

Oder anders gefragt: Was wollen wir eigentlich erreichen, wenn wir sagen, wir müßten unsere Kinder für ihre eigene Zukunft fit machen?

Ist das nicht vielleicht eine Anmaßung? Steckt dahinter nicht eher ein Allmachtsgefühl, so eines, wie es unsere Zeit auf allen Ebenen hervorbringt? Sind wir so toll, so mächtig, daß wir unsere Kinder in ihrer eigenen Zukunft einquartieren können?

Ich glaube, wir müssen die Dinge trennen, sonst bleibt uns für die Erziehung kein Atem übrig.

Wir, die Erwachsenen, müssen uns engagieren, daß der Straßenverkehr nicht überhandnimmt, daß die Umwelt nicht noch mehr Schaden erleidet, daß wir zu mehr sozialer Gerechtigkeit kommen, daß Kinder bessere Startbedingungen haben. Lautes Jammern hilft da so wenig wie stummes Schwarzsehen. Jeder hat die Chance,

Und weil es keine heile Welt gibt, müssen Kinder beizeiten lernen, wie man Niederlagen einsteckt, ohne dabei den Mut für einen Neuanfang zu verlieren.

in eine Partei, eine Gewerkschaft, einen Verband einzutreten und dort für die Ziele zu streiten, deren Erreichen wir uns für unsere Kinder wünschen. Wenn wir den Einsatz immer nur von anderen erwarten, bleibt die Welt schlichtweg, wie sie ist.

Eine andere Sache ist die Erziehung unserer Kinder. Denn die Wahrheit ist, daß wir die Welt nicht kennen, für die wir sie fit machen wollen.

Warum können wir uns dann nicht mit dem Gedanken anfreunden, daß wir sie ganz einfach fit machen für sich selber? Oder fit für eine glückliche Kindheit?

# Fit für eine glückliche Kindheit

**W**ären zu allen Zeiten Eltern darauf bedacht gewesen, nur Kinder in die Welt zu setzen, wenn rosige Zeiten in Aussicht stehen, so wäre der Globus ziemlich menschenleer.

Eine glückliche Kindheit ist die beste Mitgift, die man einem Kind überhaupt wünschen kann.

Eine glückliche Kindheit macht fit für alle Wechselfälle des Lebens. Aber was ist eine glückliche Kindheit? Schwingt da nicht doch ein Unterton von heiler Welt mit? Heile Welt nicht, aber ganz sicher das Bestreben, in die Kindheit unserer Kinder nicht die Probleme zu packen, die wir selber lösen müssen.

Nehmen Sie sich einmal die Zeit, sich an Ihre eigene Kindheit zu erinnern. Sie müssen das nicht mit der Genauigkeit tun, als lägen Sie auf der Couch eines Therapeuten. Sie müssen sich auch nicht die bitteren Stellen heraussuchen, die ganz einfach zu jeder Kindheit dazugehören. Auch nicht jene Sonnenflecken, an die Sie sich am liebsten erinnern.

## Woher haben Sie Ihr Rüstzeug?

Fragen Sie sich einmal, woher Sie das Rüstzeug haben, das Sie heute befähigt, Ihr Leben – Beruf, Partnerschaft, Kinder – so zu meistern, wie Sie das tun.

Glauben Sie, daß Ihre Mutter, Ihr Vater eine Vorstellung von dem Leben hatten, das Sie jetzt führen?

Was hat Sie fit gemacht?

Was macht Sie fähig:

- Ihr Leben zu organisieren?
- Den Mut in schwierigen Situationen nicht zu verlieren?
- Gute Laune zu verbreiten?
- Auf eigene und fremde Fehler mit Gelassenheit zu reagieren?
- Neuem neugierig anstatt mit Angst zu begegnen?
- Eine Beziehung auch in schwierigen Phasen nicht einfach hinzuwerfen?
- Interesse für Ihren Beruf aufzubringen?
- Dazuzulernen, auch wenn es Mühe macht?
- Niederlagen einzustecken, ohne auf lange Zeit entmutigt zu sein?
- Bei Lob und Auszeichnung nicht unrealistisch abzuheben?
- Die beruflich bedingte Abwesenheit des Partners ohne Lamentieren zu ertragen?
- Allein sein zu können, ohne gleich von Einsamkeit reden zu müssen?
- Ihre Wünsche und Ihre finanziellen Möglichkeiten in Einklang zu bringen?

*Das Rüstzeug fürs Leben erhalten Kinder dort am besten, wo sie gleich mehrere Generationen ständig und gründlich im täglichen Leben beobachten dürfen.*

- Mit Nachbarn einvernehmlich auszukommen?
- Freundschaften anzubahnen und zu erhalten?

Lassen wir die Liste hier enden. Versuchen wir lieber dahinterzukommen, warum Menschen trotz oder durch die Erziehung, die sie genossen haben, fähig sind, das Leben zu meistern.

Sie können Punkt für Punkt der Liste nehmen und Ihre Fähigkeiten oder Unfähigkeiten bis in Ihre Kindheit zurückverfolgen. Fragen Sie sich bei jedem Punkt:

- Haben meine Eltern mich bewußt dazu erzogen?
- Haben sie es mir vorgelebt?
- Habe ich bei anderen derartige positive Verhaltensweisen für gut befunden und für mich übernommen?
- Tue ich heute das Gegenteil von dem, was ich als Kind bei meinen Eltern oder anderen Vorbildern negativ erlebt habe?

## Alle Wege führen zurück in die Kindheit

Die letztgenannten vier Punkte sind wohl die wesentlichen Puzzlesteine, aus denen wir unsere wechselnden Fähigkeiten zusammensetzen.

Das, wozu uns unsere Eltern bewußt erzogen haben, haben wir vermutlich am ehesten aufgegeben. Es taugte nicht mehr für den Existenzkampf, den wir anders führen mußten als unsere Eltern, in einer anderen Zeit. Daß wir die Fähigkeit haben, das Leben zu meistern, hat mit einer guten Ausstattung zu tun und mit der Tatsache, daß uns niemand so verbogen und entmutigt hat, all das zu entfalten, was in uns steckt.

Oder fällt Ihnen mehr zum Thema »Erziehung« ein? So komme ich zurück auf den Grundgedanken dieses Kapitels: Kinder fit machen für eine glückliche Kindheit. Alle anderen Vorhaben müssen scheitern. Wer sich an seine Kindheit erinnert, ohne Bitterkeit und ohne Verklärung, wird wissen, wovon ich spreche: Eine glückliche Kindheit ist die beste Vorbereitung fürs Leben.

# Was halten Sie von einer Kinder–änderungsmaschine?

Auch wenn wir aufhören, unseren Kindern das Erbgut ihrer Verwandten hochzurechnen, wenn wir sie nicht mehr pedantisch mit Gleichaltrigen vergleichen, wenn wir die Zukunftsangst abstreifen und uns dem Augenblick widmen, ist Erziehung gewiß keine einfache Angelegenheit.

Unsere Kinder sind Originale. Und selbst wer sieben Kinder hat, wird sich auf sieben Originale einstellen müssen. Daran geht gar kein Weg vorbei!

Ich gebe zu, daß es mit ein paar gutgelungenen Kopien wesentlich leichter wäre als mit so gestandenen Originalen, wie es unsere Kinder sind.

*Wer sich Kinder wünscht, hat leicht eine bestimmte Vorstellung davon, wie sie am besten zu sein hätten. Die Realität ist dann ganz anders und manchmal sogar verwünschenswert unerwünscht.*

# Ein Dutzend Änderungswünsche

**W**enn Kinder ihren Willen entdecken, wollen sie ausprobieren, was man damit machen kann. Die Umwelt reagiert darauf nicht selten sehr genervt.

Fragen Sie sich doch einmal selber, was Sie an Ihrem Kind verändern würden, wenn Sie dazu die Macht hätten. Haben Sie ruhig den Mut, sich das ganz konkret vorzustellen.

Und erlauben Sie mir, daß ich hier einmal, stellvertretend für Sie, die Kinderänderungsmaschine anwerfe:

1. Ihr Kind ist drei Jahre alt und macht noch in die Hosen.
   **Knopfdruck: Das stellen wir ab.**

2. Ihr Kind zögert das Füttern hinaus, bis Sie die Geduld verlieren und jede Freundlichkeit in Ihnen erstirbt.
   **Knopfdruck: Das stellen wir ab.**

3. Jede Nacht krabbelt Ihr Kind zu Ihnen ins Bett. Ihr Partner wird schon ganz nervös.
   **Knopfdruck: Das stellen wir ab.**

4. Wenn Sie mit Ihrem Kind in der Öffentlichkeit sind, gibt es regelmäßig schrillen Zoff um jede Groschenfalle. Sie sind so genervt, daß Ihr Kind stets als Sieger vom Platz geht.
   **Knopfdruck: Das stellen wir ab.**

5. Ihr Kind sagt nein, sooft es annimmt, daß Sie etwas von ihm wollen, auch wenn Ihr Vorschlag noch so vernünftig ist.
   **Knopfdruck: Das stellen wir ab.**

6. Zu anderen Menschen hält Ihr Kind großen Abstand. Es mag keine Hand geben, redet nicht, versteckt sich schüchtern hinter Ihrem Rücken.
   **Knopfdruck: Das stellen wir ab.**

7. Zu Ihrem Leidwesen spielt Ihr Kind gar nicht richtig. Es zerlegt Sachen, sortiert Dinge, rennt umher, begleitet Sie auf Schritt und Tritt.
**Knopfdruck: Das stellen wir ab.**

8. Wenn Sie in Ihrer Wohnung die kleinste Kleinigkeit verändern, meutert Ihr Kind. Um Frieden zu haben, rücken Sie dann alles wieder so zurecht, wie es vorher war. Das geht Ihnen ziemlich gegen den Strich.
**Knopfdruck: Das stellen wir ab.**

9. Wirklich zufrieden ist Ihr Kind nur, wenn alles nach seiner Pfeife tanzt.
**Knopfdruck: Das stellen wir ab.**

10. Ihr Kind stellt sich taub, wenn Sie ihm etwas erklären wollen.
**Knopfdruck: Das stellen wir ab.**

11. Abends verabschieden Sie Ihr Kind ein gutes dutzendmal. Ihnen graut schon nachmittags vor dem Abend.
**Knopfdruck: Das stellen wir ab.**

12. Die Wutanfälle Ihres Kindes sind schon Elterngesprächsstoff im Kindergarten. Zu Hause ist Ihr Kind nicht minder wütend und haltlos zornig.
**Knopfdruck: Das stellen wir ab.**

Mittlerweile hat sich die Kinderänderungsmaschine heißgelaufen, aber das Ergebnis ist optimal: Sie haben jetzt das Kind Ihrer Träume, ein Musterkind! Ihre Schwiegermutter wird aus dem ehrfürchtigen Staunen gar nicht mehr herauskommen. Die Erzieherinnen werden Sie nicht mehr außer der Reihe in den Kindergarten bestellen, um Ihnen die neuesten Sündenfälle Ihres Kindes zu erzählen. Kurzum, man wird Sie um Ihr Kind beneiden!

*Lachen macht Erziehung tatsächlich leichter. Aber es schließt keineswegs aus, daß Turbulenzen auftreten und die Wogen ziemlich hoch schlagen. Eines aber ist sicher: Eine fröhliche Grundstimmung, ein freundliches Klima sind zugleich auch unsere Barrieren gegen allzu hohe Wellen.*

## Vier Punkte gegen die Kinderänderungsmaschine

Das Üben nimmt im Kinderleben einen hohen Stellenwert ein und braucht Zeit. Gemeinhin wird dieses »Üben« von Erwachsenen als »Spielen« bezeichnet.

Um der Gerechtigkeit willen werfen wir einen Blick auf das Kind: Es ist jetzt eine fantastische Kopie des Musterkindes schlechthin.

Sein inneres, individuelles Programm, also seine Originalität, wurde durch Knopfdruck außer Kraft gesetzt. Im Klartext heißt das: Ihr Kind wurde geändert, ohne gelernt zu haben! Die Beziehung zwischen Umwelt, Mutter und Kind wurde zugleich mit dem Knopfdruck stabil gehalten. Im richtigen Leben lernt ein Kind durch stetige Verhaltensänderung, allmählich mit sich und der Umwelt ins Lot zu kommen. Diese Fähigkeit braucht es ein Leben lang: in der Schule, in der Ausbildung, im Berufsleben, in der Partnerschaft. Immerzu muß man da ausloten, welche Verhaltensweisen jetzt angebracht sind und welche man besser unter Verschluß läßt, um sozialverträglich mit anderen auszukommen.

Das wäre der eine Punkt, der durch die Kinderänderungsmaschine verlorengegangen wäre.

Ein anderer Punkt ist der: Ein Kind kann nur, was es kann, nämlich das, was sein inneres Programm gerade an die erste Stelle setzt. Dieser Punkt wird vom Kind geübt, geübt und nochmals geübt. Es empfindet Freude beim Üben. Das ist auch ein Grund dafür, warum die Übung gelingt. Es ist stolz auf seine Leistung. Dieser Leistungsstolz macht es mutig genug, die nächste schwierige Leistung anzupeilen.

Der letztgenannte Punkt hat einen Doppeleffekt: Die Umgebung freut sich mit, ist ebenfalls stolz auf die Leistung und feuert damit die Motivation des Kindes noch kräftig an.

Mit der Kinderänderungsmaschine wäre dieser Doppeleffekt dem Kind vorenthalten worden. Das wäre für das Kind eine richtige Katastrophe, weil soziales Lernen auf diesem Doppeleffekt beruht. Wenn die Umwelt nicht freudig auf meine Verhaltensänderung reagiert, deute ich mein Verhalten falsch, und da ich ja Anerkennung brauche, stelle ich das Verhalten wieder ab und probiere etwas anderes aus. Bekomme ich für das Neue abermals keine Zustimmung, geht die Versuchsreihe bis zur Verunsicherung weiter. Ab da wuchert Verhalten und ist sozial kaum noch einzuordnen.

Ein dritter Punkt ist folgender: Kindliches Verhalten ist wie eine Leiter. Ganz logisch erklimmt das Kind nach der einen die andere Sprosse.

Fehlt eine Sprosse, gerät das gesamte System ins Wanken. So muß ein Kind zunächst einmal seine engsten Bezugspersonen total besitzen, bevor es fremdelt. Fremdeln muß es aber, um den Unterschied zwischen nahen und fernen Personen herauszuarbeiten. Zu nahen Personen hat es Bindung, zu fernen wachsende Toleranz. Kinder, die keine Bindung aufbauen konnten, werfen sich jedem an den Hals, weil fern und nah für sie kein Kriterium ist.

## Mit Kindern leben lernen

Es kommt aber noch ein vierter, nicht unwesentlicher Punkt hinzu: Sie als Vater oder Mutter. Eltern ist man nicht; wenn man Glück hat, wird man es. Ich will damit sagen: Eine Kinderänderungsmaschine würde den Eltern die Chance nehmen, mit ihren Kindern leben zu lernen. Gerade im Voranschreiten von Stufe zu Stufe, im Bestehen eines geglückten Schrittes liegt der Schlüssel für ein befriedigendes Eltern-Kind-Verhältnis. Wenn Sie gemeinsam die Trotzphase hinter sich gebracht haben, entsteht ein neuer Raum für neues Entfalten. So reiht sich eine Phase an die andere. Und allmählich haben Sie die Gewißheit: Wir schaffen das! Ihr Kind bleibt nicht immer Kind. Bis es in die Pubertät kommt, muß es viele Male erfahren haben, daß Vater und Mutter mit ihm durch Höhen und Tiefen gehen, ohne daß dabei ihre Zuneigung irgendwelchen Schaden erleidet.

# Ein Dutzend Lern- und Lebensprozesse

Nach diesen vier Punkten möchte ich Sie bitten, mit mir noch einmal zurückzugehen an den Anfang der Punkteliste, an jene Stelle, wo ich für Sie die Kinderänderungsmaschine angeworfen habe.

1.  Mit drei noch ständig volle Hosen ist ärgerlich, macht viel Wäsche und strapaziert die Geduld. Hinzu kommen ungebetene Ratschläge, die die Sache auch nicht gerade leichter machen.

## Was ist zu tun?

Zunächst einmal: Entspannen Sie sich!
Wahrscheinlich hat Ihr Kind schon längst gemerkt, daß das Thema »Sauberkeit« für Sie ein ganz heißes Eisen ist. Und da es gerade sowieso dabei ist, seinen Willen gegen den Ihren zu setzen, verpaßt es keine Chance, das weidlich zu üben. So was kann sogar richtig Spaß machen! Und dann gehen Sie einmal ganz gelassen durch die Stadt und schauen sich die Leute an. Gehen Sie näher ran, und schnuppern Sie kräftig. Was glauben Sie, sind die nun alle stubenrein oder nicht? Das menschliche Programm sieht Stubenreinheit vor. Affen tun sich mit ihrem Programm wesentlich schwerer. Stubenreinheit ist dort nicht zwingend festgeschrieben.
Jeder Mensch wird stubenrein, wenn Hirn und Muskeln sich miteinander verständigt haben.
Folglich wird auch Ihr Kind stubenrein. Sagen Sie sich das, sobald wieder mal eine Hose voll ist.
Und da Lachen die Erziehung leichter macht, sagen Sie sich obendrein noch, daß Sie selbst ja gar nicht mit voller Hose herumlaufen müssen. Also warum regen Sie sich eigentlich so auf?
Waschen Sie den Kinderpo unter fließendem Wasser ab.

Neue Windel, fertig. Ihr Kind wird sich wundern. Was ist los mit Mami? Kein Zoff, keine saure Miene, kein Gezetere? Sie können auch sagen, was Sie denken, nämlich dies: »Mein Gott, bin ich froh, daß ich den Salat nicht in meiner Hose habe!«
Widerfährt Ihrem Kind das jetzt öfter, wird es sauber sein wollen. Sein kleines Hirn wird sich im Nu mit Blasen- und Darmschließmuskeln in Verbindung setzen. Das Thema ist entkrampft. Ihr Kind wird sich bald ein anderes Thema suchen. Vergessen Sie aber nicht, sich mit Ihrem Kind über jeden Erfolg königlich zu freuen.

2.  Stellen Sie sich einmal vor, Sie könnten Ihren Partner auf die eine oder andere Art dazu bewegen, endlos für Sie Zeit zu haben. Das würden Sie genießen, nicht wahr?
    Na also, ich finde, das ist überhaupt keine Schande. Ihr Kind sieht das genauso. Es weiß, daß es zu Ihren Gewissenspflichten gehört, ihm sein Quantum Essen einzufüttern. Und warum in aller Welt sollte es dieses schöne Beisammensein nicht dehnen bis zum Gehtnichtmehr? Solange es gefüttert wird, besitzt es seine Mutter. Und Mutterbesitzen ist ein schönes Spiel. Sie kennen das doch auch: Wenn man jemanden liebt, möchte man ständig Backe an Backe mit ihm zusammensein.
    Zu dumm nur, daß es Sie fürchterlich nervt und daß dabei das Essen regelmäßig kalt wird.

## Was ist zu tun?

Stellen Sie sich vor, wie Ihr Kind in ein paar Jahren beim Schulausflug im Eßsaal der Jugendherberge Schlange steht, um möglichst rasch und möglichst viel Eintopf auf den Teller zu kriegen. Oder stellen Sie sich vor, wie es mit Freund oder Freundin zum ersten Mal ein Restaurant ohne Ihre Begleitung besucht. Glauben Sie denn

Ihr Kind genießt das Füttern. Zugegeben, da ist ein wenig Erpressung mit im Spiel. Aber würden Sie das nicht auch mal ganz gerne mit Ihrem Partner versuchen? Zumindest dann, wenn er aus freien Stücken nicht auf Sie eingeht?

*Für manche Kinder kann das Füttern nicht lange genug dauern. Sie haben ihre Mama so dicht bei sich, daß sie diesen Zustand möglichst lange genießen möchten. Daß darüber das Essen kalt wird, scheint sie kein bißchen zu stören.*

ernsthaft, daß es jetzt noch gefüttert werden muß? Was ich damit sagen will, ist dies: Ihr Kind hat den unbändigen Drang, alleine zu essen. Nur in diesem Augenblick sind da noch Hindernisse.

Wenn Sie es einrichten können, schalten Sie vor das Füttern eine geräumige Schmuseeinheit. Beschäftigen Sie sich ausgiebig mit Ihrem Kind.

Denken Sie sich ein Essen aus, bei dem es mitwerkeln kann. Auch wenn es mit den Händen Bananen oder Kartoffeln zermatscht, anstatt so ordentlich zu zerkleinern wie Sie als Profi. Sei's drum, Hauptsache, Sie werkeln Backe an Backe. Sie verbringen Zeit miteinander. Denn das war es doch, was Ihr Kind Ihnen mit dem Überdehnen der Fütterzeit mitteilen wollte. Geben Sie, wenn's ans Füttern geht, dem Kind einen Löffel, damit es Sie gleichzeitig füttern kann. Sperren Sie immer schön das Schnäbelchen auf, damit nichts danebengeht.

Nach einer Weile werden Sie merken: Das macht echt Spaß. Und das ist sogar zum Lachen. Wenn sich die Situation endlich entkrampft hat, wird Ihr Kind lieber essen, anstatt zu provozieren. Lassen Sie fünfe grade sein. Klecker kann man wegwischen. Und Essen im Teller wird nie so kalt, daß Ihr Kind davon Schaden nehmen könnte. Und nehmen Sie sich zum Füttern mehr Zeit, als Sie normalerweise dazu brauchen. Füttern Sie gelassen. Und freuen Sie sich, wenn von der veranschlagten Zeit dann noch etwas übrigbleibt. Sie nehmen Ihrem Kind den Wind aus den Segeln. Das Überdehnen der Fütteraktion wird ihm keinen Spaß mehr machen.

3.  Nächtliche Kinderbesuche sind nicht jedem willkommen. Wenn Sie solche Besuche mit einem Kraftakt abstellen, überfahren Sie die wirkliche Ursache des Besuchs. Ihr Kind hat einen Grund, in der Nacht aufzuwachen und Trost zu suchen. Mit Einschlaf- und Durchschlafproblemen hat jedes Kind zeitweilig zu kämpfen, selbst wenn es zuvor noch ein Meister im Schlafen war. So, wie es Erwachsenen geht, geht es auch Kindern: In der Nacht werden die Eindrücke des Tages verarbeitet.

Das ist ganz normal und reicht vom Grübeln über das Träumen bis hin zu Alpträumen. Passiert Ihnen so etwas, reagieren Sie mit Routine. Außerdem haben Sie längst Strategien entwickelt, wie Sie auf Schlafstörungen reagieren. Ihr Kind hat das nicht. Es wacht auf und hat nur einen Gedanken: Mama! Ist das nicht rührend? Lassen Sie sich von niemandem verrückt machen, der Ihnen einreden will, das Kind würde noch im Konfirmandenalter in Ihr Bett krabbeln. Das ist Unfug.

Freuen Sie sich, daß Ihr Kind so normal ist, daß es Ihr Vertrauen in Anspruch nimmt. Kindertherapeuten könnten Bände mit Berichten von Kindern füllen, die ihre Angst mutterseelenallein zu bekämpfen versuchen. Sie werden krank davon, körperlich und seelisch.

## Was ist zu tun?

Akzeptieren Sie, daß Ihr Kind nachts angetrabt kommt oder herzzerreißend weint. Akzeptieren Sie auch, daß Sie die Person sind, die all sein Vertrauen besitzt und schon durch Nähe allein seine nächtlichen Ängste vertreiben kann.

Nur eines darf nicht passieren, nämlich die Umgestaltung der Nacht in einen angenehmen Tag. Ihr Kind muß sich mit der Nacht arrangieren, weil das Leben nun mal eine Folge von Tagen und Nächten ist, die der Mensch akzeptieren muß.

Machen Sie kein Licht, geben Sie nichts zu trinken, reden Sie nicht, lupfen Sie die Decke, aber bieten Sie dem Kind keine Schmuseextras. Zeigen Sie ihm, daß Sie die Nacht akzeptieren und schlafen. Machen Sie sich breit in Ihrem Bett, denn es gehört ja Ihnen.

Viele Kinder sind überhaupt nicht begeistert, wenn nachts kein Empfangskomitee für sie bereitsteht, wenn kein roter Teppich ausgerollt oder wenigstens gemeckert und geschmollt wird. Oft trollen sie sich dann nach einer Weile wieder mit der Erkenntnis, daß es im eigenen Bett wesentlich komfortabler ist. Machen Sie nun nicht den Fehler, ihm nachzulaufen in mütterlicher Sorge, um nachzuprüfen, ob es auch gut zugedeckt ist. Lassen Sie den Dingen ihren Lauf. Ihr Kind ist ja nicht dumm und wird sich schon zurechtkuscheln ohne Sie. Gefällt es dem Kind im mütterlichen Bett zum Bleiben gut, sollte man neben dem Bett ein schmales Notlager einrichten, in das es umsteigen kann, wenn die Mutter zuviel Platz beansprucht. Ich kann nur jeder Mutter raten, sich sehr viel Platz zu nehmen. Tagsüber erklären Sie Ihrem Kind, daß Sie Ihr Bett und Ihren Schlaf brauchen, daß Sie aber nichts dagegen haben, wenn es nachts kommt und so lange auf dem Notbett bleibt, wie es möchte. Ihr Kind wird es lernen, Ihrer Nähe zu vertrauen! Auch im eigenen Bett. Sehen Sie aber immer zu, daß der Abend Ihres Kindes ohne Aufregung ausklingt. Dann ist die beste Gewähr dafür gegeben, daß auch die Nacht ohne Aufregung verläuft.

4.  Sämtliche Groschenfallen, ob im Supermarkt oder in Form von Autos oder Eseln vor Geschäften, sind eine Unverschämtheit und gehören abgeschafft oder kostenfrei angeboten. Hier werden Kinder unnötig animiert und die Eltern zur Kasse gebeten. Unterschwellig wird vorausgesetzt, daß sich Eltern in der Öffentlichkeit genieren, ihren Kindern solche harmlosen Wünsche abzuschlagen. Sie sehen, wie gut das bei Ihnen funktioniert.

## Was ist zu tun?

Verabreden Sie mit Ihrem Kind, bevor Sie in die Stadt gehen, daß heute nur ein Wunsch drin ist. Führen Sie das Kind an allen Quellen der Begierde vorbei, und geben Sie jedesmal zu bedenken, daß ja noch mehr kommt. Bieten Sie an, daß Sie bereit sind, notfalls wieder mit zurückzugehen, wenn die Wahl getroffen ist. Ihr Kind lernt auswählen. Das ist ganz wichtig, um kein zwanghaftes Konsumverhalten zu fördern. Erfüllen Sie den einen Wunsch wirklich, denn versprochen ist versprochen. Und reden Sie ganz ungeniert mit dem Kind über Geld. Wenn Sie das Gefühl haben, daß Ihr Kind zehn Groschen für eine Mark hält, geben Sie ihm Taschengeld. Spielen Sie mit ihm durch, wie viele Groschen für diesen oder jenen Wunsch draufgehen. Zeigen Sie ihm aber auch andere Möglichkeiten auf, etwa Dinge zum Sammeln, Konstruieren, jedenfalls etwas, was langlebiger ist, als einmal in der Rakete zu hoppeln oder Süßes aus dem untersten Regalfach im Supermarkt zum schnellen Schlucken.

Ihr Kind lernt etwas ganz Wichtiges: Wünschen und Wunscherfüllung einander anzupassen. Das kann ein

sehr aufreibender Prozeß sein. Aber können muß man es eines Tages, sonst läuft in der Pubertät gar manches schief. Und noch eins: Lassen Sie sich von Passanten oder Kunden in der Schlange im Geschäft nicht zum Handeln zwingen. Was gehen Sie die Leute an? Die Verantwortung für Ihr Kind tragen allein Sie. Stellen Sie sich über die Sache. Sie wissen es besser. Und Sie handeln so, wie Sie es mit Ihrem Kind vereinbart haben. Ob Ihr Kind nun vom eigenen Taschengeld oder aus Ihrer Tasche seinen einen Wunsch bestreitet – wichtig ist, daß die Verabredung eingehalten wird und daß Wahlmöglichkeiten erkannt werden. Und wichtig ist, daß Ihr Kind noch Wünsche offen hat, etwas, worauf es sich morgen und übermorgen noch freuen kann.

5.  Kennen Sie das auch? Sie sagen ja und fühlen zugleich, daß Sie besser an dieser Stelle nein gesagt hätten.
    Warum? Ganz einfach, Sie haben das Neinsagen nicht ausreichend und vermutlich nicht früh genug üben dürfen.
    Zwar hatten auch Ihre Eltern keine Kinderänderungsmaschine zur Verfügung, aber irgendwie klappt es auch ohne Maschine ganz vorzüglich, namentlich den kleinen Mädchen das Nein nachhaltig auszutreiben.

## Was ist zu tun?

Lassen Sie Ihr Kind nein sagen, sooft es mag. Verfallen Sie aber nicht in den Fehler, den leider sehr viele Mütter in dieser Phase machen: ebenfalls nein zu sagen. Davon hat Ihr Kind gar nichts, im Gegenteil, es verschlimmert alles. Ihr Kind kann es auf diese Weise nicht lernen, zwischen sinnvollem und sinnlosem Nein zu unterscheiden. Fragen Sie Ihr Kind: »Soll ich dir eine Apfelsine aufmachen?« Und sagt es nein, dann geben Sie ihm die unversehrte Apfelsine. Kommt es nach einer Weile zu Ihnen, damit Sie die Apfelsine pellen, dann fragen Sie: »Soll ich dir die Apfelsine aufmachen?« Wenn es ja sagt, machen Sie die Apfelsine auf. Verkneifen Sie sich jede unnütze Bemerkung wie »Ich hab' dich vorhin schon einmal gefragt«. Das hilft Ihrem Kind nicht. Mit Ja und Nein ist es wie mit rechts und links. Nur zwei Wahlmöglichkeiten, aber im Falle der falschen Wahl ziemlich ärgerliche Folgen. Lassen Sie Ihr Kind – in aller Freundlichkeit! – von Fall zu Fall lernen, ob sein Nein gerade sinnvoll oder überflüssig war. Begleiten Sie diesen Prozeß mit Humor. Zum Ärgern gibt es wirklich keinen Anlaß. Ihr Kind übt keinesfalls an Ihnen, sondern ganz einfach nur in Ihrer Gegenwart. Und das ist weitaus spannender, als es ärgerlich ist.

6.  Zwischen acht Monaten und einem Jahr fremdeln fast alle Kinder. Das ist der Augenblick, in dem sie erkannt haben: Mama und Papa sind die Besten! Und wenn das die Besten sind, sind alle übrigen nur zweite Wahl. Und die zweite Wahl bekommt eben nur reduzierte Freundlichkeit zu spüren. Eigentlich normal, oder? Sehen Sie das als Kompliment an. Es ist eins.

## Was ist zu tun?

Treffen Sie auf einen Menschen, der etwas von Kindern versteht, wird er sich gegenüber Ihrem Kind genauso schüchtern verhalten wie Ihr Kind. Vielleicht wagen die zwei nach fünf Minuten einen ganz unauffälligen Blickkontakt. Das ist super. Und das reicht völlig aus. Leute, die von Kindern nichts verstehen, grabschen nach Kindern wie nach Socken auf dem Sonderangebotstisch. Wenn ich noch einmal ein Kind wäre, aber schon das Wissen hätte, das ich heute habe, würde ich gezielt zubeißen.

Wenn Kinder mit drei oder vier Jahren noch fremdeln, stecken sie noch mittendrin im Prozeß des Sortierens. Sie finden noch immer, daß im Vergleich zu Mama und Papa alle anderen nicht mithalten können.

Das kindliche Spiel ist auch Versuch und Irrtum, vor allem aber Üben, Nachahmen und Verändern. Deshalb hat gutes Spielzeug die Aufgabe, kreatives Spielen möglich zu machen.

Wenn Sie Frau X treffen und mit ihr einen Schwatz halten, ist das Ihre Angelegenheit. Wenn Ihr Kind ein Kind trifft, dem es schnell etwas sagen oder zeigen muß, ist das die Angelegenheit Ihres Kindes.

Was würden Sie sagen, wenn Ihr Kind Sie auffordert, dem anderen Kind das schöne Händchen zu geben, zu lächeln und noch ein Bussi obendrauf zu setzen? Ihr Kind ist eine eigenständige Persönlichkeit und kein Äffchen mit Batterie.

Es ist sehr verständlich, daß Ihr Kind gerade dort die kalte Schulter zeigt, wo ein Gunstbeweis von ihm verlangt wird, der durch nichts begründet ist, nämlich bei Leuten, die von Kindern nichts verstehen. Wenn Sie Ihr Kind in Ruhe probieren lassen, wird es zu einem Grundkonsens der Freundlichkeit gegenüber Fremden kommen. Und das, meine ich, reicht völlig aus.

7. Über kaum ein kindliches Verhalten sind so viele Falschmeinungen im Umlauf wie über das Spielen. Spielen ist eine ziemlich unreife Vorstellung im Kopf der Erwachsenen, die sich an keiner Realität festmachen läßt. Nehmen Sie den Kaufladen. Man kann für einen perfekten Kaufladen ein paar hundert Mark hinblättern. Und nun steht er da, der perfekte, teure, schöne Kaufladen und wird von Tag zu Tag mehr zum Ärgernis. »Spiel doch Kaufladen«, bekommt das Kind ständig zu hören. Es spielt aber nicht. Warum?

Stellen Sie sich vor, eine reiche Erbtante aus Amerika taucht plötzlich auf und schenkt Ihnen eine Boutique mit ganz tollen Sachen. Auch mit einer Kasse. Sie schauen sich alles an, sagen wir, einen Tag lang! Da alles sehr perfekt ist, mögen Sie nicht einmal umräumen. Am zweiten Tag werden Sie unruhig. Ein Laden ist eben nur ein Laden, wenn dort ordentlich Leben herrscht. Aus reiner Barmherzigkeit kommt Ihr Mann vorbei, kauft zum Schein und zahlt zum Schein. Danach räumen Sie die gekauften Sachen wieder an ihren Platz zurück. Aus unerfindlichen Gründen stellt sich außer Ihrem Mann kein anderer Kunde ein.

Ein schönes Spiel? Gar kein Spiel? Blanke Kinderquälerei?

## Was ist zu tun?

Befreien Sie sich von der Vorstellung, daß Ihr Kind das eine unter Hunderttausenden ist, das am Tisch sitzt und hingebungsvoll Post spielt oder ähnliches, meinetwegen auch Kaufladen.

Befreien Sie sich auch von der Vorstellung, daß Erwachsene, die Kinderspielzeug erfinden, eine wirkliche Ahnung von Kindern haben. Das ist nur ganz selten der Fall. Hat denn ein Mensch, der eine Puppe erfindet, die alles kann, was Kinder auch können, eine Ahnung von Kindern? Kinder füttern ihre Puppen, lassen sie Pipi machen, sitzen, laufen oder schlafen, auch wenn diese Puppen ganz und gar statisch sind. Ihre Vorstellungskraft reicht völlig aus, auch wenn die Puppe selbst genäht ist. Und genau diese Vorstellungskraft ist es, die das Spiel der Kinder ausmacht. Da sollten sich Erwachsene total raushalten.

Kinder tun unentwegt etwas. Auch das Baby, das seinen Fuß untersucht, tut etwas, handelt, begreift, übt. Das Dreijährige tut im Grunde nichts anderes als das Baby. Nur ist der Radius jetzt etwas größer geworden. Es kann mehr Sachen, mehr Untersuchungsobjekte erreichen. Und es untersucht sie genau. Daß dabei die Fetzen fliegen, ist normal.

Geben Sie Ihrem Kind ganz einfache Dinge, die sich in jedem Haushalt ansammeln. Schachteln und Dosen und die dazugehörigen Deckel. Dinge zum Einfüllen und Umfüllen: Klötze, große Knöpfe, große Kugeln (im Bastelgeschäft), Walnüsse und andere Dinge, die Ihr

**K**inder brauchen Material und Ruhe, um sich dem Material in jeder Form zu widmen. Nur so können sie Zusammenhänge erkennen, Funktionen üben und Folgen begreifen. Das ist der Sinn ihres Handelns.

Kind weder verschlucken noch sich ins Ohr stecken kann. Geben Sie ihm Kataloge, alte Postkarten, große Perlen und Schnüre, Plastikschüsseln und Kochlöffel, Handbesen und Schaufel und einen schönen Eimer. Alles, was Sie selbst tun, fasziniert Ihr Kind. Sie sind die wichtigste Person in seinem Leben, und jede Ihrer Tätigkeiten ist für Ihr Kind besonders wichtig. Lassen Sie es also zu, daß Ihr Kind Sie auf Schritt und Tritt begleitet und all das tun möchte, was Sie auch tun. Geben Sie Ihrem Kind Zeit. Und gehen Sie davon aus, daß Ihr Kind gerade das tut, was im Augenblick zum Trainieren seiner Fähigkeiten sinnvoll ist.

8.  Manche Kinder nehmen ihre Umwelt so sensibel wahr, daß sich ihnen jedes Detail einprägt. Je mehr ein Kind wahrnimmt, desto mehr muß es in seinem kleinen Hirn strukturieren. Das ist eine Menge Arbeit.
    Prüfen Sie sich einmal selbst, wie detailbesessen Sie die Umwelt wahrnehmen. Sie gehen durch die Stadt und bemerken einen neuen Laden. Wissen Sie noch, was vorher in dem Laden war? Sie besuchen Ihre Mutter. Sie hat in den Wechselrahmen eine neue Fotografie getan. Bemerken Sie das? Auf der Fensterbank ist eine Topfpflanze verdörrt. Ihr Mann hat sie fortgeräumt. Wieviel später bemerken Sie das? Ganz anders als Erwachsene bemerken viele Kinder jede kleinste Veränderung. Das verunsichert sie. Sie haben sich gerade erst alles fotografisch genau gemerkt und sind mit höchster Konzentration dabei, ihr Gedächtnis zu trainieren und zu überprüfen. Da können sie keine Schlamperei dulden.

## Was ist zu tun?

Freuen Sie sich, daß Ihr Kind eine solche Konzentration besitzt. Wenn es über Veränderungen meckert, richtet

Viele Kinder spielen erst im letzten Kindergartenjahr für kurze Zeit ganz allein. Haben sie erst einmal entdeckt, wie lustig es mit anderen Kindern ist, ziehen sie gemeinsame Spiele dem Alleinspielen vor.

sich das keineswegs gegen Sie. Es hat mit Ihnen gar nichts zu tun. Unterlassen Sie für eine Weile jede Veränderung, verrücken Sie weder Stuhl noch Bild.

Es kann sogar vorkommen, daß Kinder in dieser Phase immer dieselben Schuhe oder Pullover tragen möchten. Auch beim Vorlesen werden Sie das merken. Wehe, wenn heute ein Wort anders ist, als es gestern war. Dann ist die Hölle los, das geht – vor lauter Verzweiflung – bis hin zu Wutanfällen. Bleiben Sie gelassen, das geht bald vorbei.

Ich habe mir einmal, als ich zu Besuch war, aus dem Brötchenkorb eine Semmel genommen und auf meinen Teller gelegt. Die zweijährige Emilie kam sofort um den Tisch herumgelaufen, nahm die Semmel weg und legte sie zurück ins Körbchen. Das ging mehrfach so. Die Mutter schalt ihre Tochter einen Geizkragen. Aber das hatte mit Geiz rein gar nichts zu tun. Ich hätte aus der Tüte 20 Brötchen essen dürfen, aber nicht aus dem Körbchen, das ein System hatte: zwei Semmeln für Mama, eine für Emilie, zwei für Papa.

Ich finde es sehr verständlich, daß jemand, der die Welt erst zwei Jahre kennt, höllisch darauf bedacht ist, die Eindrücke nicht ins uferlose wuchern zu lassen.

Erst mal alles in Ruhe ansehen, dann ganz langsam über Veränderungen diskutieren. Das ist die Devise Ihres Kindes. Akzeptieren Sie diesen bedachtsamen Zugriff auf die Welt. Ihr Kind beginnt sich gerade in ihr einzurichten.

9. Hand aufs Herz: Haben Sie sich noch nie gewünscht, so viel heimliche Macht zu haben, daß alles eintrifft, was sie sich vorstellen? Das muß gar nicht mal der pure Eigennutz sein. Ich wünsche mir überall dort, wo Kinder Spielstraßen haben, die Autos zum Teufel und in den Fußgängerzonen dasselbe für die Fahrradfahrer. Nur leider klappt das nicht so. Ich muß mir also etwas anderes ausdenken.

Wenn Ihr Kind eine gewisse Gedächtnissicherheit hat, wird es toleranter. Aber es wird noch oft vorkommen, daß es ein Ding wieder dorthin bringt, wo es früher einmal gelegen hat.

Ihr Kind ist da noch etwas unbefangener. Es hat im ersten Jahr seines Lebens festgestellt, daß Sie und seine übrigen Bezugspersonen auf jeden Piepser reagieren, daß immer jemand zur Stelle ist, sobald es muckst.

Warum soll sich an diesem schönen Zustand eigentlich etwas ändern? Ja, warum?

Es muß, so weh das tut, selbständig und unabhängig werden und lernen, zwischen Wunsch und Wunscherfüllung eine gehörige Zeitspanne zu legen. Und das ist gar nicht so leicht.

Als Baby bekam Ihr Kind jeden Wunsch sofort erfüllt. Das war überlebenswichtig.

Mit einem Jahr erwarten Sie, daß es mit Geduld der Essenszubereitung zusieht und sich ein paar Minuten zügelt. Wieder ein Jahr später sagen Sie Ihrem Kind: »Wir essen in einer halben Stunde.« Und nun hoffen Sie darauf, daß es kein Geschrei gibt, sondern gelassenes Warten. Das kann gutgehen, muß aber nicht.

## Was ist zu tun?

Ihr Kind will wichtig sein, Aufmerksamkeit auf sich ziehen. Das ist auch richtig so. Trotzdem können Sie jetzt nicht mehr so handeln wie zu Babyzeiten. Ihr Kind ist größer geworden und muß einen Teilverzicht leisten. Es muß nicht grundsätzlich, sondern lediglich auf das geliebte »sofort und gleich« verzichten.

Wenn Ihr Kind etwas möchte, sofort, gleich und sehr dringend, dann überlegen Sie, ob das jetzt lebensrettend ist oder eine kleine Verzögerung vertragen kann. Wenn ein Knoten in der Schnur eines Ziehtieres Probleme macht, dann können Sie dem Kind getrost sagen, daß Sie das gerne in Ordnung bringen, sobald Sie mit Ihrer Arbeit fertig sind. Fragen Sie, um Ihrem Kind die gewünschte Aufmerksamkeit zu geben, ob es noch weiß, woher das Ziehtier stammt. Fangen Sie ein Gespräch mit dem Kind an. Das ist die ganz normale Form, Warten zu überbrücken. Oft geben Kinder Befehle aus, als hätten sie eine Armee zu regieren. Wenn Ihr Kind Neigung zu einem General zeigt, fragen Sie sich, ob es vielleicht selbst zu viele Befehle bekommt. Wer selbst viel nach der Pfeife anderer tanzen muß, neigt häufig dazu, seinerseits Befehle auszuteilen. Das ist ein Machtspiel. Lassen Sie Ihr Kind einsehen, warum es etwas tun soll. Kehren Sie das Spiel aber auch um: Wenn Ihr Kind möchte, daß Sie nach seiner Pfeife tanzen, bestehen Sie darauf, daß Sie verstehen wollen, warum. Das geht aber wirklich nur, wenn für beide dieselben Spielregeln gelten.

Befehle im Befehlston sollten Sie ganz von Ihrer Erziehungsliste streichen. Bitten Sie Ihr Kind, dies oder jenes zu tun, und begründen Sie es von der Sache her. Allmählich wird es dann sein Machtstreben aufgeben. Es lernt, daß erklärte Bitten wesentlich unkomplizierter zu erfüllen sind als alle Formen von Befehlen.

10. Wenn sich Ihr Kind taub stellt, ist es überfordert.

## Was ist zu tun?

Nehmen Sie Ihre Sprache zurück. Lassen Sie lange Erklärungen weg. Reden Sie leise. Machen Sie Sprache rar. Ihr Kind hat zuviel davon.
Wenn Kinder weghören, anstatt zuzuhören, ist das immer ein Alarmzeichen.
Wenn Ihr Kind etwas tut, was Ihnen auf die Nerven geht, fragen Sie niemals: »Warum machst du das?« Ihr Kind weiß es nicht. Wie soll es da antworten? An dieser Stelle setzen dann meist die lähmenden Gespräche ein, die ein Kind überhaupt nicht begreifen kann:

- »Du hast mir doch versprochen, es nicht mehr zu machen.«

- »Weißt du nicht, daß ich Kopfweh habe?«
- »Soll ich es dem Papi sagen?«
- »Wenn du das noch mal machst, gehst du ins Bett.«
- »Warum antwortest du nicht?«
- »Bin ich nicht immer lieb zu dir?«
- »Warum regst du mich so auf?«

Gespräche und Fragen dieser Art sind Folter für Kinder. Sie klären nichts, weil es nichts zu klären gibt. Handeln statt Reden ist angesagt. Handeln meint hier:

- Dem Spiel einen neuen Impuls geben
- Den ungeliebten Teller wegnehmen
- Jedes Nein vorher überlegen
- Eine Schmusestunde einlegen, mit Singen oder Vorlesen oder gemeinsamem Spiel
- Ein Badefest veranstalten
- Essen gemeinsam zubereiten
- Einen Bummel machen
- Leise Musik schweigend hören.

Tun Sie alles, was zur Entspannung beiträgt. Und vergessen Sie abends, was tagsüber mißlich war.

11. Es gibt Tage, die sind so prall und schön und rundum mit Leben angefüllt, daß es einem richtig leid tut, wenn sie zu Ende sind. Kindertage gehören wohl immer dazu. So richtige Sorgen, abgesehen von momentanen Belästigungen, sind meist noch fremd. So einen Tag sollte man eigentlich auf drei ausdehnen. Leider sind die Erwachsenen gar nicht damit einverstanden. Sie schicken das Kind Abend für Abend auf die gleiche Tour zu Bett.

## Was ist zu tun?

Kinder sind lernende Systeme. Wenn sie einmal gelernt haben, daß eine ausgedehnte Verabschiedung so einen Abend gehörig zu verlängern vermag, dann wenden sie das Gelernte an. Das ist ganz normal, und in vielen

F angen Sie jeden Tag neu an, ohne Übertrag von gestern. Es wird nicht lange dauern, bis Ihr Kind die Ohren wieder voll aufmacht, denn es liebt Sie ebensosehr wie Ihre Stimme. Es hatte nur vorübergehend einfach ein bißchen genug ...

anderen Fällen wird man dagegen auch gar keine Ein-
wände machen. Nur wenn es um den Abend geht, den
Erwachsene so dringend brauchen, möchte man lieber,
die Kinder hätten etwas anderes gelernt. Nun gilt aber:
Was gelernt wird, kann auch wieder verlernt werden
oder durch neues Lernen ersetzt werden.
Ihr Kind hat gelernt: Langes Verabschieden macht
Abende länger. Sein Ziel ist ein langer Abend. Ihnen
gefällt die Methode nicht, weil Ihre Nerven davon
betroffen sind.
Machen Sie die Methode nicht mehr mit!
Lassen Sie den Abend Ihres Kindes ruhig ausklingen.
Verabschieden Sie Ihr Kind mit Vorlesen, Singen,
Schmusen, Erzählen, jedenfalls mit dem üblichen Ritu-
al, jedoch nicht, wie gewohnt, am Bett. Wählen Sie
Küche oder Wohnzimmer. Dann sagen Sie Ihrem Kind,
daß es jetzt zu Bett gehen darf, daß Sie selbst jetzt Feierabend haben, einen Mami-Feierabend, also einen kin-
derlosen Abend.
Lassen Sie Ihrem Kind freie Hand, was es jetzt tut.
Seien Sie aber konsequent in der Einhaltung Ihres Fei-
erabends. Das war doch Ihr Ziel, nicht wahr? Also
machen Sie Ihrem Kind nicht den Hof, tun Sie, was Sie
mögen, und genießen Sie, daß Sie Ihr Kind verabschie-
det haben. Der Rest ist Sache Ihres Kindes. Lassen Sie
dem ersten und einzigen Abschied um keinen Preis
einen weiteren im Kinderzimmer folgen. Dann würde
Ihr Kind gar nichts lernen. Drücken Sie ein bis zwei
Augen zu, wenn Ihr Kind nicht gleich den Weg ins Bett
findet oder im Bett sich in den Schlaf spielt. Hauptsache, Sie machen jetzt Feierabend. Ganz unerschütterlich
und mit sehr gutem Gewissen.

12. Wut wird durch Publikum erst schön. Und ganz
    besonders schön wird Wut, wenn andere dafür die
    Folgen tragen. Ja, da möcht' man doch alle Tage so
    richtig wütend sein!

Es gehört eine Menge Vertrauen dazu, sich abends in den Schlaf fallen zu lassen. Auch viele Erwachsene haben damit Probleme.

Später wird Ihr Kind in ähnlichen Situationen seine Sprache benützen und zu definieren versuchen, was ihm da in die Quere gekommen ist. Aber das dauert noch und setzt einen etwas komplizierten Lern- und Lebensprozeß voraus.

## Was ist zu tun?

Wenn ein Wüterich gerade wütet, kann man ihn nicht fragen, warum er wütet. Er kann darauf keine Antwort geben. Es wütet halt im Wüterich, und das ist zumeist von einem Gefühl unendlicher Machtlosigkeit begleitet. Nicht alle Kinder neigen zu Wutausbrüchen. Es ist wie bei Erwachsenen auch. Wer keine Wutausbrüche kennt, ist darum kein besserer Mensch, sondern hat nur ein anderes Temperament geerbt. Eines ist sicher: Den Wutauslöser werden Sie in den meisten Fällen nicht oder nur vage herausfinden. Die Wut selbst äußert sich verschieden: Gebrüll, Geschrei, Gezetere, Sachen werfen, Kopf aufschlagen, Treten. Das alles ist Ihnen bestens bekannt. Da Sie als Mutter oder Vater selten der Wutauslöser sind, sind Sie auch die falsche Wutadresse. Räumen Sie das Feld, geben Sie sich uninteressiert, wenn sich die Wut gegen Sie richtet. Zu Hause gehen Sie in einen anderen Raum, auf der Straße oder im Laden stellen Sie sich deutlich abseits. Sie lieben Ihr Kind, Sie zeigen ihm aber, daß die Wutanfälle das Ziel nicht erreichen. Man muß nicht in jeder Situation etwas Kluges sagen, man kann auch ruhig einmal schweigend zuwarten. Und lassen Sie sich keinerlei tätlichen Angriff gefallen! Wenn die Wut abebbt, aber erst dann, nehmen Sie Ihr Kind in den Arm. Es hat sich verausgabt und braucht Trost. Allerdings Trost ohne Worte. Anschließend unternehmen Sie etwas mit dem Kind – Einkauf, Bummel oder gemeinsame Essenszubereitung –, damit die Atmosphäre entspannt bleibt. Kommen Sie nicht auf den Wutanfall zu sprechen. Das ist sinnlos. Versuchen Sie aber für sich allein herauszufinden, woran sich die Wut entzündet haben mag. Manche Kinder können sich bis zur Erschöpfung in ein Spiel – etwa das Hantieren mit dem Bagger – steigern, ohne zur Kenntnis nehmen zu können, daß der Bagger ein Versager ist. Sie glauben, sie müßten nur recht üben, und schon geht's. Bewahren Sie Ihr Kind vor solchen Fallen!

Wenn Ihr Kind tobt, weil es die Socke nicht über den Fuß kriegt oder Sie es an der falschen Juckstelle kratzen, verfahren Sie immer gleich. Räumen Sie das Feld. Reden Sie nicht. Wenn alles vorbei ist, geben Sie Trost. Suchen Sie sich eine stille Stunde, wenn Ihr Kind gerade bester Laune ist, und üben Sie dann an Ihren Füßen Socken anziehen. Machen Sie ein Spiel draus. So lernt Ihr Kind am besten. Und was den Kindergarten betrifft, so bleiben Sie ganz gelassen: Sobald Ihr Kind seine Wut zu kontrollieren gelernt hat, wird es ein anderes geben, das wegen eines falsch geschnittenen Apfels total aus den Fugen gerät. Na und? Ganz normal. Kinderalltag eben.

## Das Leben als Prozeß begreifen

Zu Beginn dieses Kapitels hatte ich Ihnen ziemlich provokant die Frage gestellt, was Sie von einer Kinderänderungsmaschine halten. So praktisch das manchmal wäre, ich hoffe, Sie halten rein gar nichts davon. An einem Dutzend Beispielen aus dem Erziehungsalltag habe ich versucht, den jeweiligen Prozeß deutlich zu machen, in dem sich Ihr Kind gerade befindet. Jeder Lernprozeß ist immer zugleich ein Lebensprozeß. Wird eine Situation gut gemeistert, setzt das Kräfte und Energien frei für den nächsten Prozeß. So lernt Ihr Kind, das Leben als selbständiges Individuum zu bestehen. Es muß nichts und niemanden kopieren, um durchzukommen. Es darf so sein, wie es ist, aber sein Verständnis für seine Bezugspersonen, seine soziale Umwelt, wächst von Tag zu Tag. Und wenn es Erfolg hat, was es ja dauernd an den positiven Reaktionen merkt, wird es versuchen, diesen Erfolg zu wiederholen. Ihr Kind wird ein prächtiges Familienmitglied und ein sozialer Zeitgenosse, weil es lernen darf, anstatt gebremst zu werden. Und das alles ganz ohne Kinderänderungsmaschine!

Es gibt sehr inkompetente Spielzeuge, die immer dann versagen, wenn die Spielintensität am höchsten ist. Schauen Sie nach, wie funktionstüchtig der Bagger Ihres Kindes ist. Lieber ein ganz einfacher aus Holz mit Handkurbel als die High-Tech-Versager. Puppenbuggys können die Pest sein, genauso wie Plastikspülmaschinen.

Ein starkes Selbstbewußtsein
und das nicht nachlassende
Gefühl, durch alle Stürme hin-
durch geliebt zu werden, sind
das beste Rüstzeug, das man
einem Kind mit auf den Lebens-
weg geben kann.

# Lachen macht Erziehung leichter

Erziehung kann niemals leicht sein, weil sich niemand freimachen kann von Vorstellungen, die an dem Kind vorbeigehen, das es zu erziehen gilt. Also gibt es Widerstände:

- Widerstand vom Kind, weil es sich falsch behandelt fühlt
- Widerstand vom Erziehenden, weil er beim Kind nicht so recht landen kann.

Dazwischen tut sich dann ein Graben auf, in den wechselseitig Kind und Erwachsener fallen.

Füllen Sie den Graben mit Lachen!

Erziehung ohne Lachen ist wie Blumenpflege ohne Wasser.

*Wer einen lächelnden Herzensbrecher hat, denkt nicht an Erziehung. Verwöhnen ist angesagt. Und sein Lächeln ist Lohn, der reichlich lohnt.*

# Lachen und Weinen – eine menschliche Antwort

Stellen Sie sich eine Situation vor, die Ihnen im wahrsten Sinne des Wortes die Sprache verschlägt:

- In einer fremden Stadt treffen Sie ohne Vorwarnung Ihre Busenfreundin aus Kindertagen, die Sie jahrelang nicht gesehen haben.
- Sie haben gerade den Tannenbaum mit Hingabe dekoriert, da klettert die Katze bis in die Baumspitze und verursacht ein Baumbeben.
- Sie haben für Ihren Partner unter Mühen eine knallrote Socke so gut wie fertig gestrickt, da zieht Ihr Kind in einer unbewachten Minute die Socke ratzdiputz wieder auf.
- Sie kommen mit Ihrem vollen Einkaufskorb gerade noch bis zur Haustür, da bricht der Boden raus.
- Sie haben für einen Kaffeeklatsch feinste Törtchen gebacken. Am Abend vor der Party entdecken Ihr Partner und seine Skatkumpel die Pracht und verzehren sie ohne Rückstände.
- Ihr Kind ist schon lange stubenrein. Sie erscheinen zu einem sehr wichtigen Termin mit Kind. Mitten im heikelsten Teil des Gesprächs donnert Ihr Kind die Hose sichtbar, hörbar, riechbar und fühlbar voll.

Genug der Beispiele. Überlegen Sie zu jedem der sechs Fälle, wie Sie reagieren würden. Überlegen Sie aber auch, welche Reaktion Sie sich wünschen würden, etwa von Ihrem Partner, Ihrer Mutter, einem Freund oder einer Freundin. Warum möchten Sie, daß ein anderer Mensch anders reagiert als Sie selbst? Finden Sie Ihre eigenen Reaktionen unzweckmäßig, übersteigert oder zu nervenaufreibend? Es gibt Situationen, auf die kann man wirklich nur mit Lachen oder Weinen reagieren. Manchmal endet ein großes Lachen im Weinen.

Manches intensive Weinen kann allerdings auch einem befreienden Lachen Platz machen.

Der gesellschaftliche Stellenwert von Lachen oder Weinen ist gering. Lehrer in der Schule schätzen weder das eine noch das andere. Weint man in der Schule, zeigt man damit mangelnde Reife. Man gilt als Waschlappen. Lacht man aus vollem Halse, muß man sich sofort fragen lassen, worüber man lacht. Wer öfters lachen muß, rückt schon in die Nähe des Klassenclowns.

Schauen Sie in den Deutschen Bundestag, scheint dies die Fortsetzung der Schule zu sein. Da sagt ein Politiker mit Leichenbittermiene zu einem anderen: »Herr Kollege, über Ihre Ausführungen kann ich nur lachen!« Natürlich kann er nicht lachen. Er macht eher den Eindruck, daß ihm zum Heulen zumute ist. Also wandelt er die Möglichkeit, eine ganz und gar menschliche Antwort zu geben, in eine sprachliche Fehlkonstruktion um, eine emotionale Lüge. Andererseits hört man gelegentlich ganze Abgeordnetenreihen regelrecht wiehern vor Lachen. Dieses Wiehern hat mit dem befreienden Lachen nichts zu tun. Hier wird ein Kollege, eine nicht bequeme Meinung niedergelacht. Mit einer wirklichen Gefühlskultur hat das nichts zu tun.

Lachen und Weinen sind eine menschliche Antwort in Situationen, auf die man ganz unmittelbar reagiert, ohne Umweg über die Sprache. Man macht sich – ohne langes Nachdenken – ganz unkompliziert Luft. Lachen und Weinen sind eine ehrliche, unverstellte, spontane Antwort, die mitten aus dem Herzen kommt.

*Wem das Lachen vergangen ist, sollte sich Rat bei Kindern holen. Hier, wie sonst auch, sind sie die besten Lehrmeister.*

- Lachen ist eine Haltung.

- Lachen hat mit Augenzwinkern zu tun.

- Lachen drückt aus: Die Welt geht nicht unter, sie schlingert höchstens ein bißchen.

- Lachen schlägt sich auf die Seite dessen, der gerade etwas Ungewöhnliches verursacht hat.

- Lachen sagt: Halb so schlimm, hätte mir auch passieren können.

- Das Lachen in der Erziehung hat nur einen einzigen Feind: das Auslachen.

- Auslachen ist die Perversion des Lachens, es verkehrt Lachen ins Gegenteil.

- Auslachen schmerzt. Lachen befreit.

- Das Lachen in der Erziehung hat nichts mit Gelächter zu tun, viel eher mit Lächeln! Es ist eine Grundeinstellung. Dahinter steckt das Wissen, daß Mißgeschicke weder geplant noch mit Absicht inszeniert werden, aber auch die Erkenntnis, daß Mißgeschicke und Fehler unweigerlich zum Lernen und Üben dazugehören.

In einem sehr feinen Straßencafé saß ich einmal in der unmittelbaren Nähe einer sehr feinen Mutter mit piekfeinem Kind. Als ein großer Hund vorbeiging, warf das Kind seinen Saft um. Die Mutter fuhr die Hand in Richtung Kind aus und erwischte ihren eigenen Kakaobecher. Der Zusammenfluß beider Getränke auf der himmelblauen Tischdecke sah allerliebst aus. Ich starrte in die Pfütze und mußte lachen. Das trug mir einen schrecklich strafenden Blick der Mutter ein. Schade. Warum so viel Hektik wegen gar nichts?
Aber schauen wir uns die Situation einmal etwas näher

an. Ein Kind müßte kein Kind sein, wenn es nicht von einem gravitätisch daherschreitenden Bobtail zutiefst beeindruckt wäre. Während es sich sehnsüchtig nach ihm umdreht, fällt das Saftglas um.

Ach, es ist ein Elend, daß Kinderglück und Kinderunglück immer so dicht nebeneinanderliegen!

Hätte die Mutter eine augenzwinkernde Grundeinstellung gehabt, hätte sie die Bobtailbetrachtung als wesentliches Merkmal der Situation erkannt. Nebenher fiel ein Glas um. Ein behebbarer Schaden.

Ich habe meine Kinder immer getröstet, wenn ihnen so etwas passierte. Kinder bekommen sehr leicht Inkompetenzgefühle, wenn ihnen ein Mißgeschick passiert. Das hat damit zu tun, daß sie Erwachsene für besonders toll halten und annehmen, daß denen keine Mißgeschicke passieren. Erwachsene vertuschen ja ihre Mißgeschicke auch meist recht geschickt oder führen Begründungen an, von denen Kinder nur träumen können . . .

Nun wollte es aber das Schicksal im Straßencafé, daß ein Mißgeschick mit einem anderen Mißgeschick geahndet wurde. Ein Rupfen an den Haaren oder eine Ohrfeige hätte es werden sollen, ein Mißgeschick wurde es. Und es kam schon wieder kein Lachen, auch kein Wort zur Entspannung der Lage. Was lernt dieses Kind?

Es lernt, daß es zwei verschiedene Mißgeschicke gibt, die von Kindern und die von Erwachsenen. Es lernt nicht, daß Augenzwinkern, Lächeln, Lachen auch eine Antwort sein können, eine sehr kompetente sogar.

Ich denke, daß viele Eltern annehmen, wenn sie im Falle eines Mißgeschicks nicht streng durchgreifen, wird das Kind in der Folge nur noch Mißgeschicke produzieren. Warum eigentlich?

Es ist die völlig falsche Einstellung, die nicht zur Kenntnis nehmen will, daß Kinder kompetent werden wollen. Im Verlaufe ihres Übens passieren ihnen aber nicht mehr Mißgeschicke als den Erwachsenen auch, sie werden nur anders bewertet.

Ob Kindern Mißgeschicke passieren oder Erwachsenen, selten steckt dahinter eine Absicht. Leider wird mit zweierlei Maß gemessen : Erwachsene können nichts dazu, Kinder hätten besser aufpassen sollen.

# Gefühle zeigen – Gefühle wecken

Lachen und Weinen sind Antworten, die nicht lügen, deswegen sind sie auch so wirkungsvoll.

Nicht der Täter wird beweint oder belacht – der rangiert an aller-, allerletzter Stelle –, sondern lediglich das, was passiert ist. Mit Lachen oder Weinen drücke ich die Beziehung zu dem aus, was passiert ist.

Deshalb sind die Reaktionen auch verschieden. Eines aber gilt für alle Mißgeschicke, an denen Kinder beteiligt sind: Wenn sie ein ehrliches Gefühl erkennen können, werden sie mit allen Mitteln versuchen, die Folgen ihres Mißgeschicks zu lindern. Werden sie ohne Augenzwinkern zur Rechenschaft gezogen, halten sie die Strafaktion fälschlich schon für die Wiedergutmachung. Viele Kinder sind sogar in der Lage, sich auszurechnen, was sie sich für einmal Verdreschen oder einmal Stubenarrest alles leisten können.

*»Lauf nicht so schnell, sonst fällst du!« Wie oft müssen Kinder diesen Satz hören. Und dann fallen sie wirklich einmal und fallen in die größte aller Seligkeiten.*

# Was lernen Kinder aus Strafen?

Wenn Kinder etwas tun, was uns nicht gefällt, fragen wir uns als erstes nach der passenden Strafe. Für eine zerbrochene Glasscheibe lassen wir das Kind eine Woche lang seine Lieblingssendung nicht sehen.
Was lernt das Kind?
Wenn es ein kluges Kind ist, wird es bei seinem Freund fernsehen oder ausfindig machen, wer das zu Hause auf Video hat. Aber war es die Absicht, das Kind in Sachen Fernsehkonsum gewitzter zu machen? Wohl kaum. Eine zerbrochene Glasscheibe und Fernsehen haben ohnehin nichts miteinander zu tun. Wozu dann beide künstlich miteinander verbinden?
Eine Glasscheibe kann wirklich mal zu Bruch gehen. Wer hat schon seinen Fußball immer so unter Kontrolle, daß der nicht mal entwischt und eine Scheibe streift? Das ist die eine Sache. Die andere ist die Strafe für die Tat. Frage: Muß eine solche Tat überhaupt bestraft werden? Und wenn sie durch Entzug der Lieblingssendung bestraft wird, wäre es dann nicht viel ehrlicher, von Rache zu reden? Motto: »Du hast meine Fensterscheibe kaputtgemacht, ich mach' dir deine Fernsehsendung kaputt.« Es gibt kein Vertun, bei den allermeisten Strafen ist Rache angesagt, nicht Lernen.

## Lassen Sie den Täter ganz rasch innerlich laufen

Der Täter ist ganz und gar uninteressant. Er könnte auch Fritz oder Waldemar heißen. An dem Vorfall, so wie er ist, ändert der Name des Verursachers rein gar nichts.
Was jetzt zählt, ist Ihre Beziehung zu dem Vorfall. Eine herausgeschlagene Fensterscheibe ist ärgerlich. Warum? Sagen Sie es Ihrem Kind. Bitten Sie es, im Telefonbuch die nächste Glaserei herauszusuchen. Dort lassen Sie es

Wir scheuen uns, unsere wahren Gefühle zu zeigen. Wir übertünchen das, was wirklich in uns vorgeht, mit ziemlich albernem Erziehungsgehabe. Und genau das ist es, was Erziehung unerträglich schwer macht.

Dabei ist es im Grunde ganz einfach, mit Kindern ins Gespräch zu kommen. Sie haben noch keine so dicke Schale um ihr Gefühlsleben wie wir. Sie können noch sehr gefühlvoll reagieren, wenn sie bei uns Gefühle entdecken.

Ihr Kind erfährt am eigenen Leibe, daß eine herausgehauene Scheibe kein Pappenstiel ist. Es wird allmählich verstehen, warum Sie über den Vorfall nicht glücklich waren. Es lernt, die Folgen für sein Handeln zu tragen. Hätten Sie ihm den Fernsehkonsum gestrichen und die Folgen des Bruchs selber getragen, wäre Ihr Kind um eine große Lernerfahrung betrogen worden.

anrufen und fragen, wie verfahren werden soll: den Rahmen hinbringen oder einen Handwerker kommen lassen. Was kostet der Spaß voraussichtlich, und wann soll das Ganze stattfinden?

Sie können es für sein tapferes Telefonieren loben und mit ihm gemeinsam das Fenster zum Glaser tragen. Und wenn es die Preise hört und Ihnen Geld anbietet, dann nehmen Sie das Geld. Nur so können Sie darauf hoffen, daß sich der Fußball beim nächsten Mal zusammennimmt. Sooft wir Kindern unsere ehrlichen Gefühle zeigen, wecken wir bei ihnen gefühlsmäßige Reaktionen, die nicht minder ehrlich sind. Schüttet Ihr ganz Kleines die Milch um und Sie, anstatt zu schimpfen, lecken sich die Lippen und starren die Milchpfütze an, so wird es begreifen, daß Sie die Milch gerne getrunken hätten. Eine solche gefühlsmäßige Reaktion wird das Kind veranlassen, das nächste Mal behutsamer mit der Tasse umzugehen. Hätten Sie ihm auf die Hand geschlagen, hätte es womöglich noch nicht einmal den Zusammenhang erkannt (ehrlich, ich auch nicht!), denn was hat Milchvergießen mit Klaps zu tun?

## Erziehung ohne Augenzwinkern macht blind

Lachen und Weinen sind Antworten auf Situationen, in denen uns kein passendes Wort einfällt. Kinder sind Meister, solche Antworten zu entschlüsseln und angemessen darauf zu reagieren. Versagt die Sprache nicht, sondern ist schneller zur Stelle als unsere Vernunft, können Kinder das ganz gut wegstecken, weil sie dahinter ein starkes Gefühl entdecken. Dabei darf es aber nicht bleiben. Es muß einen Weg wieder heraus geben. Jenseits der starken Worte muß ein Weg gefunden werden, dem Kind unsere Beziehung zum auslösenden Vorfall klarzumachen: »Du, ich bin ganz traurig, daß du von meiner Lieblingsdecke die Fransen abgeschnitten hast.« (Sie können ja mit dem Kind gemeinsam die übrigen Fransen auf eine Länge schneiden – mit Augenzwinkern, versteht sich!) Eiskaltes Schweigen als Reaktion auf einen Vorfall verstört Kinder. Sie können keinerlei Gefühl erkennen. Sie wissen deshalb auch nicht, mit welchem Gefühl sie reagieren sollen. So werden sie dann auch noch bezichtigt, es würde ihnen noch nicht einmal leid tun.

Aus dem eiskalten Schweigen erwächst dann meist eine unsinnige Strafaktion. Das Kind lernt Rache statt sozialer Wiedergutmachung.

Wird dem Kind dann noch das Versprechen abgenommen, eine solche Tat, einen solchen Vorfall nie mehr zu wiederholen, ist die Chance vollends vertan. Das Kind hat nichts begriffen. Es wird die Tat, den Vorfall vermutlich bald wiederholen, um herauszufinden, was da wirklich abläuft und ob der Erwachsene immer so absurd reagiert.

Früher wurden Kinder für ziemlich unsinnige Dinge bestraft. Erst mußten sie gestehen, der Täter zu sein, dann folgte die Strafe. Prügel stand ganz vorn auf der Liste. Prügel gab es für beinahe jede Regung:

- Reden mit vollem Mund
- Lachen bei Tisch, in der Schule oder Kirche
- Vorlautes oder neugieriges Verhalten
- Geschlechtsteile angucken oder anfassen
- Naschen oder klauen
- Lügen, Ausreden gebrauchen
- Dinge verlieren oder zerreißen
- Schlechte Noten, schlechtes Betragen in der Schule
- Widerworte oder Schimpfwörter.

Heute sind wir in der Lage, wenn die Tat Widerworte heißt, ein Kind sogar dafür zu loben. Wir wollen keine Duckmäuser mehr großziehen.

Trotzdem halten sich hartnäckig Vorurteile, was Kindern an Mißgeschicken passieren darf und was nicht. Und leider gehört dazu auch jene blinde Reaktion, die gleich mit Strafe zur Stelle ist. Ich wage zu behaupten, daß Strafe Wiederholung erst möglich macht.

Erziehung ohne Augenzwinkern macht deshalb blind, weil sie dem Verursacherprinzip huldigt, nach der Devise: »Der Täter muß bestraft werden, koste es, was es wolle!«

Strafe verhärtet die Fronten. Eine Strafe muß man sich ausdenken. Man sucht sich einen Punkt, der schmerzt. Sonst wäre es ja keine Strafe. Man verhängt eine Strafe. Das Kind wird die Strafe nicht so ohne weiteres hinnehmen. Also muß man die Strafe durchsetzen, verteidigen, Argumente suchen, auch wenn sie nicht stimmen.

Man muß die Strafe einhalten, kontrollieren, überwachen. Man muß in der Strafe ein Erfolgsmittel sehen, um sie vor sich selbst zu rechtfertigen.

## Manche Tat ist Strafe genug

Ein Kindergartenkind verliert sein Täschchen, ein Schulkind die gerade gekaufte teure Mütze. Betrachten wir einmal den »Täter« ganz genau: Jedes Kind hängt an seinen Sachen, an seinem Eigentum, seinem Besitz. Da gibt es zwischen Erwachsenen und Kindern keinen wesentlichen Unterschied.

Erinnern Sie sich doch einmal daran, als Sie das letzte Mal etwas verloren haben. Vielleicht ein Seidentuch auf dem Spaziergang, einen Schirm in der U-Bahn oder einen Handschuh auf dem Wochenmarkt. Verlieren tut immer weh. Eine Panne, die man sich nicht so ohne weiteres verzeiht.

Aber nun stellen Sie sich vor, Ihr Partner oder wer immer würde Sie zu allem Elend noch ins Gebet nehmen, Prügel im Wiederholungsfall androhen und Ihnen für zwei Sonntage das Sahneeis mit Himbeeren streichen. Unvorstellbar, nicht wahr?

Verlieren hat auch mit Gefühlen zu tun. Drücken Sie Ihre Gefühle aus, wenn Ihr Kind etwas verliert: »Schade, daß das Täschchen weg ist, es war wirklich sehr hübsch!« Oder: »Die Mütze stand dir so gut, ich konnte mich gar nicht an dir satt sehen!« Ihr Kind merkt, daß Ihnen der Verlust leid tut. Ihm selbst tut es sowieso leid. Ihrer beider Gefühle treffen sich. Mehr müssen Sie gar nicht tun.

Überlegen Sie mit dem Kind, was jetzt als Ersatz in Frage kommt. Kaufen Sie nichts Neues. Ihr Kind soll ja nicht lernen, daß Verlieren belohnt wird, sondern daß Verlieren ein bedauernswertes Mißgeschick ist, das man tunlichst vermeiden sollte.

Also überlegen Sie auch miteinander, was man ganz konkret tun kann, um das Verlieren geliebter Gegenstände zu vermeiden. Nur so läßt sich Achtsamkeit lernen. Verlieren und Strafe sind zwei Paar Stiefel, die nichts miteinander zu tun haben. Das eben Gesagte gilt auch für andere Mißgeschicke: etwas fallen lassen, zerbrechen, verkleckern, beschädigen, vergessen. Lassen Sie den Täter innerlich laufen. Zeigen und wecken Sie Gefühle. Strafen Sie nicht. Lassen Sie das Kind die Folgen erkennen und tragen oder zumindest mittragen. Nun werden Sie sagen, daß Sie ganz gut im Wegstecken sind, wenn es um Dinge und Sachen geht. Was aber, wenn Sie etwas verbieten oder Ihr Kind um etwas bitten und alle Worte für die Katz sind? Sollte man da nicht strafen oder zumindest Druck ausüben?

Vorsicht, denn es gibt zweierlei Verbote, solche, die absolut notwendig sind, und solche, die Sie lieber unterlassen sollten, weil sie keinerlei Aussicht auf Erfolg haben. Sie können Ihrem Kind weder das Schmatzen, Nasehochziehen noch verbale Ausrutscher (»Scheiße« oder was gerade im Kindergarten aktuell ist) verbieten. Wenn Sie es trotzdem tun, können Sie sich die Seele aus dem Leib ärgern. Und immer ohne Erfolg.

## Was ist zu tun?

Gefühle zeigen, Gefühle wecken. Mehr nicht.
Sie mögen Nasehochziehen nicht. Sie geben dem Kind ein Papiertaschentuch. Das hilft manchmal oder auch nicht. Verlassen Sie doch den Raum, in dem der Schneuzer sich aufhält. Sagen Sie dem Schmatzer, er soll woanders schmatzen. Kehren Sie dem Scheiße-Sager den Rücken. Zeigen Sie Gefühl. Lassen Sie Ihr Kind in Ihrem Gesicht lesen, daß es Sie auf gut deutsch ankotzt, wenn einer dauernd Ihre Ohren strapaziert. Da Ihr Kind Ihre Nähe überaus liebt, wird es sich überlegen, ob es sich die Nähe weiterhin vermiest oder die Geräusche einstellt. Den Täter, so es sich wirklich um einen handelt, haben Sie unentwegt lieb. Die Geräusche indessen mögen Sie nicht. Klare Sache. Nur zeigen müssen Sie es.
Je kleiner ein Kind ist, desto sorgsamer müssen Verbote überlegt sein. Wie soll ein Kind denn widerstehen, all

Wer etwas verliert, ist hinlänglich durch den Verlust bestraft. Auch Kinder. Da muß man keinen draufsetzen. Verlieren ist harte Strafe. Und das bei Kindergartenkindern, Schulkindern und Erwachsenen gleichermaßen.

Lassen Sie das Kind mit den Gegenständen seiner Sehnsucht nicht allein. Das muß ja schiefgehen. Bringen Sie ihm bei, wie Sie mit den Dingen umgehen. So lernt es am besten.

Sprechen wir ein sinnloses Nein aus, setzen also einen Zaun an eine Stelle, wo es nichts zu trainieren gibt, wird das Kind rebellieren. Wir verhalten uns nämlich auch ganz anders: Ein starkes Gefühl ist nicht erkennbar, die vitale Kontrolle findet nicht statt. Sinnlose Verbote entstehen meist spontan, aus Ärger und ohne große pädagogische Überlegung. Kinder spüren das.

der Wunder habhaft zu werden, die für Erwachsene so selbstverständlich sind? Hier helfen lange Zeit nur das Außer-Sichtweite-Räumen und danach ein behutsames Vertrautmachen. Sicherlich gibt es notwendige Verbote. Ein oft zitiertes Beispiel ist die Herdplatte. Trotzdem können Sie an die Einsicht Ihres Kindes appellieren. Halten Sie seine Hand fest und nah an die sich erwärmende Herdplatte, bis es dem Kind unangenehm wird. So glaubt es Ihnen das Nein leichter. Ein Nein im Straßenverkehr ist ebenfalls lebensnotwendig. Aber solche Neins müssen immer Ausnahmen im Kinderleben sein, damit sie im Meer anderer Neins nicht untergehen. Ihr Kind muß wissen, daß es Neins gibt, die so fest stehen wie ein Hochhaus oder ein Dom. Kinder akzeptieren solche Neins, weil sie das starke Gefühl erkennen, mit dem die Erwachsenen es aussprechen. Nein und Kontrolle beim kleinen Kind müssen aber Hand in Hand gehen. Ein Kind muß wissen, daß es um keinen Preis auf die Straße laufen darf, wenn diese stark befahren ist. Würde es ausprobieren wollen, ob das Verbot wirklich gilt, müßte es unter Umständen mit dem Leben dafür bezahlen. Bei der heißen Herdplatte müßte es mit Schmerzen und Narben bezahlen.

Da wir das nicht wollen, sprechen wir zwar ein Nein aus, behalten das Kind aber beständig im Auge, damit nur ja kein Unglück geschieht. Nein und Kontrolle gehen Hand in Hand. Das Kind lernt: Hier handelt es sich um etwas ganz Wichtiges!

Es begreift vielleicht nicht die ganze Tragweite, aber es glaubt Mutter oder Vater und hält sich selbst dann noch an das Nein, wenn die Kontrolle geringer wird.

Unser Ziel ist es natürlich, das Kind so kompetent zu machen, daß es selbst die Kontrolle übernehmen kann, also verkehrstüchtig wird.

An diesen Nein-Beispielen läßt sich sehr gut zeigen, was ein sinnvolles Nein ausmacht: Ein Nein muß ein Zaun sein, der das Kind für den Augenblick schützt und innerhalb dessen es trainieren kann, später auch ohne den Zaun gut zurechtzukommen.

Sinnlose Neins verunsichern Kinder. Und weil wir selber ein bißchen spüren, daß wir da etwas Merkwürdiges verboten haben, schieben wir zur Vorsicht noch eine Strafandrohung nach: »Wenn du nicht sofort aufhörst, nehme ich dich heute nachmittag nicht mit!«

Jetzt ist alles nur noch viel schwieriger geworden. Sinnlos schwierig. Wir haben eine Strafe angekündigt. Wir müssen sie einhalten, um nicht unglaubwürdig zu erscheinen. Doch diese Strafe – wie sehr viele andere

*Es gibt Neins, die sind überlebenswichtig, und Neins, die ohne großes Überlegen ausgesprochen werden. Kinder können meist sehr gut unterscheiden, was wirklich Sinn macht und was eher sinnlos ist.*

Wenn Kinder auf unseren Nerven herumturnen, ist ihnen das nur selten bewußt. Wenn sie Gefühle erkennen können, sind sie durchaus in der Lage, uns zuliebe ihr Handeln zu ändern.

auch – bestraft uns selbst am meisten. Wohin mit dem Kind, wenn es nicht mitdarf? Allein zu Hause lassen? Auf keinen Fall. Selbst zu Hause bleiben? Geht nicht. Also doch mitnehmen? Wo bleibt dann die Strafe? Umwandeln? Lieber kein Eis kaufen? Geht alles nicht. Ein sinnloses Verbot kann ganz einfach nur sinnlose Strafen im Gefolge haben. Das ist die Logik des Unsinns schlechthin.

## Was ist zu tun?

Ihr Kind tut etwas, was Sie momentan nervt. Nehmen wir an, es steckt ein Auto in eine Tonne, klettert auf die Fußbank und schüttet sie aus. Das wiederholt es 50- oder 100mal. Sie schreiten nicht ein in der Hoffnung, daß der Spuk bald zu Ende ist. Ihr Kind hat Ausdauer. Sie wollen sich konzentrieren, aber der wachsende Ärger verhindert es. Sie fragen vielleicht: »Warum machst du das?« Da Ihr Kind es nicht weiß, erhalten Sie keine Antwort. Es macht weiter. Sie verbieten dem Kind jeden weiteren Lärm. Zwecklos, es macht weiter. Das mit der Strafandrohung hatten wir schon.
Wie wäre es, wenn Sie ganz einfach Gefühle zeigen, um Gefühle zu wecken?
Sie möchten sich konzentrieren und brauchen eine Weile Ruhe. Sagen Sie es Ihrem Kind. Sagen Sie ihm, daß es in zehn Minuten wieder sein Auto ausschütten darf, im Augenblick aber lieber etwas Weiches nehmen soll. Geben Sie ihm seine Strümpfe oder Unterhose oder sonstwas. Das umstrittene Auto nehmen Sie an sich. Nach zehn Minuten geben Sie es zurück. Sagen Sie ihm, daß Ihnen das jetzt wirklich sehr geholfen hat, daß Sie Ihre Arbeit erledigt haben und daß es jetzt wieder nach Herzenslust krachen darf. Sie werden sehen, wie das die Situation entschärft.
Und Sie werden Übung darin bekommen, Ihrem Kind Kompromisse statt Strafen anzubieten.

# Was lernen Kinder durch Belohnung?

Mit der Belohnung ist es so ähnlich wie mit der Strafe: Es gibt in der Sache selbst nichts zu lernen.
Ein Schlag auf die Finger hat sowenig mit Spucken zu tun wie ein in Aussicht gestelltes Eis.
Wenn Ihr Kind gerade das Spucken übt, wird es weder Strafe fürchten noch Belohnung hochschätzen. Beides ist ihm schlichtweg egal, weil Spucken gerade sehr interessant ist und weil der Rolf auch spuckt und die Lisa sowieso. Machen Sie lieber mit dem Kind Weit-spucken oder Wettspucken, natürlich mit Kirschkernen oder Erbsen im Mund. Sagen Sie ihm, daß Sie spucken nur mit Spucke eklig finden und echt sauer werden, wenn Sie etwas abkriegen. Ihr Kind wird Erbsen spucken toll finden und auf pures Spucken bei Ihnen verzichten. Und andere sollen sich gefälligst selbst weh-ren ... Bei einem solchen Spuck-Kompromiß brauchen Sie weder Strafe noch Belohnung. Aber wann braucht ein Kind Belohnung?
Man kann für nahezu alles Belohnungen aussetzen, eine wahre Belohnungsinflation inszenieren:
• Teller leer essen
• Etwas ins Töpfchen machen
• Ohren waschen
• Fünf Minuten still sein
• Der Oma artig ein Bussi geben
• Keinen Fleck ins Kleid machen
• Aufräumen
• Zähne putzen.
Für alle diese acht Selbstverständlichkeiten kann man ein Gummibärchen, einen Groschen oder sonstwas in Aussicht stellen. Aber wozu eigentlich?
Soll das Kind denn lernen, wie man zu Süßigkeiten oder Geld oder sonstwelchen unsinnigen Vergütungen kommt? Hieß das Ziel nicht ganz anders?

Ich würde sagen, Ihr Hund braucht Belohnung, damit er Pfötchen gibt. Ihr Kind braucht keine Belohnung, sondern Anerkennung. Für Menschen reicht Anerkennung völlig aus.

Man kann mit diesen acht Selbstverständlichkeiten aber auch völlig anders umgehen:

- Wenn ein Kind Hunger hat, ißt es den Teller leer. Wenn zuviel drauf ist, sollten Sie es lieber loben, wenn es etwas übrigläßt.
- Wenn ein Kind das Töpfchen für die bessere Alternative zur nassen Windel hält, wird es etwas hineinmachen und sehr stolz sein über seinen Erfolg.
- Alle Ohren werden eher zuviel als zuwenig gewaschen. Pottschwarze Hände zu waschen ist nicht nur sinnvoll, sondern macht sogar noch Spaß. Man sieht den Erfolg!
- Kein Kind kann auf Befehl still sein. Geben Sie ihm aber einen aufregenden Schuhkarton, in dem ein winziges Loch ist, durch das es fühlen kann, was alles drin ist, wird es zehn Minuten still sein. Staunen macht still. Lassen Sie Ihr Kind öfters mal staunen.
- Wenn Ihr Kind nicht busseln mag, ist es ein selbstbewußtes Kind. Bravo. Was will man denn sonst noch?
- Stecken Sie das Kleid in die Lumpentüte. So was zieht man noch nicht einmal seinem Feind an!
- Aufräumen kann Spaß machen, wenn das Kind bestimmen darf, was jeweils Aufräumen heißt. Alles, was rot ist, kommt in eine Kiste, was blau ist, in einen Plastikeimer, Grünes in eine Papiertüte. Das alles läßt sich völlig ohne Belohnung machen. Oder was dachten Sie, was Aufräumen ist?
- Lassen Sie Ihr Kind mit der Zahnbürste hantieren, Bär und Puppe damit bürsten und auch in Ihrem Mund probieren. Es wird feststellen: Zähne putzen ist echt lustig.

Ich habe immer wieder nach Situationen gesucht, in denen eine Belohnung sinnvoll wäre, aber keine gefunden. Tatsache ist doch dies: Ein Kind übt, bis es etwas kann. Auf sein Können ist es stolz! Die Umwelt ist ebenfalls stolz. So entsteht die Motivation für neues Üben, neues Können, neue Anerkennung. Ich meine, das reicht

Machen Sie sich frei von jenen uralten Vorstellungen, die schon Ihr eigenes Kinderleben beschwert haben. Unterscheiden Sie peinlich genau zwischen Sinn und Unsinn, wenn Sie möchten, daß Ihr Kind etwas tut oder unterläßt.

*Können macht unabhängig, groß, beinahe erwachsen. Kein Wunder, wenn Eltern Träume und Hoffnungen hegen, die sie später oft wieder begraben müssen.*

völlig aus. Im Können liegt für das Kind der Gipfel der Belohnung, es fühlt sich kompetent, weniger abhängig von den Erwachsenen, freier, weniger gegängelt, fast schon groß.

Ein Kind möchte schwimmen können, Fahrrad fahren, lesen, schreiben, rechnen, pfeifen, Tore schießen, sich selber die Haare waschen, selber Essen aufwärmen. Der Weg zum Können heißt in allen Fällen Üben. Kinder üben gern. Aber Erwachsene sollten Kinder beim Üben nicht stören und ihnen all die Zeit geben, die sie zum Können brauchen, anstatt durch Belohnung die Übungszeit zu verkürzen.

»Wenn du Fahrrad fahren kannst, schenke ich dir einen Fußball.« Nicht wenige Kinder werden so bestochen, ihre natürliche Übungszeit – die ihnen ja ganz viel Spaß macht! – zu verkürzen, um den Fußball zu kriegen oder dem Vater eine Freude zu machen. Ich frage mich nur: Was hat ein Fußball mit dem Fahrrad zu tun? Wenn das Kind, auf seine sehr persönliche Weise, genug mit dem Fahrrad geübt hat, wird es fahren können und sehr stolz darauf sein. Seine Umwelt auch. Aus allen Ecken bekommt es Lob und Anerkennung. Dem Kind reicht das aus, es wird sogar motiviert werden, demnächst freihändig zu fahren. Und vielleicht will es gar keinen Fußball. Hat es erst einen Fußball, wird es auch bald heißen: »Man sieht dich ja gar nicht bolzen, hast du denn gar keinen Spaß an deinem Ball?« Peng! Das hat man dann von seiner Belohnung.

Ich meine, Belohnungen gehören in Westernfilme. In der Pädagogik geht es um Lernen. Und Lernen macht Spaß, wenn der Erwachsene das Lernen zuläßt und nicht stört und es nicht durch Belohnungen zu verkürzen versucht.

*Ein eigenes Fahrrad und darauf sogar fahren können, das ist unterschiedslos der Traum von Jungen und Mädchen. Und fahren lernen sie ganz gewiß, wenn man sie nur in Ruhe üben läßt.*

# Die Rückkehr ins Land des Lächelns

Haben Sie sich schon einmal gefragt, warum die Babyzeit mit Ihrem Kind so glückselig verlaufen ist? Gewiß,
auch da gab es Probleme, Anpassungsschwierigkeiten an
das Leben außerhalb des Bauches, Eß- und Schlafpro-
bleme. Aber das alles ist kein Vergleich mit einem Kind,
das laufen und klettern kann, wütend und trotzig ist,
einen eigenen Willen hat und eigene Vorstellungen vom
täglichen Leben. Ein gesundes, gedeihliches Baby ist die
reine Wonne, ein gesundes, gedeihliches Kleinkind kann
stundenweise oder tagelang die wahre Pest sein. Wie ist
das nur möglich? Es kann sein, daß man als Mutter oder
Vater plötzlich das Kind mit anderen Augen sieht. Mit
den Augen dessen, der in der Öffentlichkeit ein manierli-
ches Kind vorzeigen möchte, im Kindergarten keine Kla-
gen hören will und in der Schule erst recht nicht. Und
weil das so ist, beginnt nun eine pädagogische Intensiv-
kur im Eilverfahren. Das Kind, kein Baby mehr, soll
möglichst rasch und möglichst umfassend erzogen und
für den Kindergarten oder die Schule fit gemacht werden.
Diese beiden Termine sitzen allen Eltern sehr deutlich im
Nacken. Eile ist geboten! Wirklich?
Vielleicht ist Ihnen nie bewußt geworden, welches unge-
heure Lernpensum Ihr Kind in seiner Babyzeit absol-
viert hat. Eigentlich hätten Sie jeden Tag vor ihm den
Hut ziehen müssen!
Die Babyzeit hat ziemliche Ähnlichkeit mit den Flitter-
wochen: Der unangenehme Kleinkram kommt danach.
Und den unangenehmen Kleinkram besteht nur, wer ein
paar Regeln übt und ihn nach einigem Üben schließlich
ganz gut kann.

Im zweiten und dritten Lebensjahr leistet Ihr Kind wahrhaft Groß-artiges. Jedes Universitätsstudium ist dagegen blanker Trödelkram.

# Ein paar Regeln

W er sich dauernd angesprochen fühlt, dem vergeht bald das Lachen, denn er überfordert sich ständig. Versuchen Sie peinlich genau zu trennen, ob es sich um Ihr Problem handelt, das Ihres Kindes, Ihres Partners oder sonst eines Menschen.

● **Fühlen Sie sich nicht ständig angesprochen und zuständig**

Ob Sie mit Ihrem Kind im Kaufhaus sind, bei Verwandten, im Café oder am heimischen Herd, als Mutter fühlt man sich beständig angesprochen, wenn das Kind nicht funktioniert wie ein Präzisionsuhrwerk.

Ich kann dazu nur fragen: Sind wir unsere Kinder, oder sind unsere Kinder selber wer? Manche Mütter hören nie auf, sich für ihre Kinder zu schämen, zu entschuldigen und jede Verantwortung für ihr Handeln auf ihren Schultern zu tragen.

Damit ist niemandem gedient. Seit Ihr Kind auf der Welt ist, ist es eine eigenständige Person. Begreifen Sie das, und bringen Sie Ihrer Umwelt bei, das ebenfalls zu begreifen.

Sie lieben Ihr Kind, Sie unterstützen es, Sie begleiten es durch seine Kindheit, aber alles können Sie nicht regeln. Nehmen wir an, Ihr Kind langweilt sich sichtlich. Überlegen Sie, ob das Kind selbst aus dieser Situation herausfinden kann, ob genügend Material in der Nähe ist, ob es Anregungen hat, um allein weiterzukommen. Wenn Sie das bejahen können, dann sollten Sie sich durch den Langweiler nicht angesprochen fühlen. Der kann auch mal ohne Sie klarkommen, auch wenn er quengelt. Sie sind nicht Ihr Kind. Sie können sich beschäftigen. Ihr Kind wird es lernen.

Sie sitzen in der Straßenbahn, Ihr Kind hampelt mit den Beinen. Sie ernten böse Blicke. Sind Sie Ihr Kind? Gucken Sie weg, wenn Sie böse Blicke nicht mögen. Wenn der nette Herr gegenüber Sie zurechtweist, sagen Sie ihm den Vornamen Ihres Kindes und bitten ihn, dem Kind selbst zu sagen, was ihn stört.

Und wenn Ihr Partner oder Ihre Mutter Ihnen vorhält, daß Sie dies oder jenes schon längst Ihrem Kind beigebracht haben könnten, hören Sie weg. Fühlen Sie sich nicht angesprochen, bleiben Sie gelassen und freundlich. Fragen Sie zurück, ob nicht vielleicht die liebe Mutter, der liebe Partner selbst sich an dieser Aufgabe versuchen möchte. Und dann wechseln Sie das Thema.

### ● Rechtfertigen Sie sich nicht dauernd

Diese Regel hängt eng mit der vorigen zusammen. Wer für alles zuständig ist, muß hier und da passen, sonst ist für Fröhlichkeit kein Spielraum mehr da. Warum schreit das Kind nachts? Warum ißt es nicht anständig? Warum ist der Knopf noch nicht angenäht?
Warum kommen die Sachen nicht in die Reinigung? Warum ist dies nicht besorgt, jenes nicht erledigt, an dieser Schraube nicht gedreht und von jener die Hand gelassen worden? Warum, warum, warum?
Wenn Sie sich jetzt rechtfertigen, kommen Sie in Teufels Küche. Sie haben auch nur einen Kopf und zwei Hände und können nur, was Sie können. Probieren Sie einmal folgendes aus, allerdings mit erheblichem Augenzwinkern: Warum schreit das Kind nachts? Weil das Kindermädchen Ausgang hat! Warum ißt es nicht anständig? Weil das Kindermädchen selbst mit den Fingern ißt! Warum ist der Knopf noch nicht angenäht? Weil der Butler Windpocken hat! Führen Sie auch noch eine Putzfrau ein und einen Botenjungen, der nichts erledigen kann, weil er im Knast ist. Und wenn Sie zum Schluß gefragt werden, warum Sie dies oder jenes nicht selbst getan haben, dann sagen Sie, daß Sie alle Hände voll zu tun haben, um das widerspenstige Personal zu dirigieren. Basta. Außerdem wird dadurch vielleicht Ihren Lieben klar, welche Armada von dienstbaren Geistern Sie in nur einer einzigen Person vereinen.

### ● Beziehen Sie nicht alles auf sich

Das wenigste, was geschieht, ist auf Ihre Person bezogen. Wenn der Partner Dampf abläßt, das Kind tobt,

Machen Sie sich das auch in der Schule zur Regel: Mütter sind keine Kinderänderungsmaschinen, die die Kinder für die Schule so zurechtdrechseln, daß sie am Ende einander gleichen wie Eurogurken oder Euroäpfel. Kinder sind Originale und keine Kopien frei erfundener Musterkinder.

Ziehen Sie innerlich den Kopf aus der Situation, und gucken Sie drüber weg. Von oben betrachtet, sieht alles ganz anders aus. So erkennen Sie auch leichter, wer das Problem wirklich hat. Jedenfalls steht eines fest: Ihr Problem ist es nicht. Sie können gelassen bleiben und mit Humor feststellen, daß sich Ihre Lieben auf dem falschen Weg zum Verbandsplatz befinden.

Es gibt eine Kultur des Wünschens, die fernab jeder Konsumhaltung liegt. Fördern Sie diese Wunschkultur, und machen Sie mit, indem Sie auch Ihre Wünsche offen äußern.

die lieben Verwandten anklopfen und tratschen, so trifft Sie das, weil Sie anwesend sind und nicht weil Sie wirklich gemeint sind. Wer alles auf sich bezieht, fühlt sich leicht angegriffen. Wer sich angegriffen fühlt, rechtfertigt sich, oder er schlägt zurück. Beides vertreibt das Lachen meilenweit.

Es ist eine andere Sache, jemandem geduldig zuzuhören. Aber lassen Sie sich niemals dazu verleiten, in einem Stück eine Rolle zu spielen, in dem Sie gar nichts zu suchen haben. Das Stück hat meist folgendes Muster: Einer regt sich fürchterlich auf. Sie regen sich auf, weil Sie einen Teil der Aufregung auf sich bezogen fühlen. Durch Ihre Aufregung bekommt der andere das Gefühl, ziemlich wichtig zu sein, sonst würden Sie sich ja seinetwegen nicht so aufregen. Das tut gut. Wenn es schon lange nicht mehr um die Sache geht, fliegen immer noch die Fetzen. Ein schönes Stück!

Spielen Sie nicht mit. Hören Sie zu. Aber halten Sie nicht als Zielscheibe her. Denken Sie daran, daß ganz andere gemeint sind, die aber leider, ganz leider nicht anwesend sind. (Oft sind Sie auch eine Nummer zu groß, aber das gibt keiner gerne zu.)

### ● Sprechen Sie Ihre Wünsche aus

Wünschen Sie sich nicht die Sterne vom Himmel, sondern ganz konkret, was jemand für Sie tun kann. Warten Sie nicht darauf, daß Ihnen jemand einen Wunsch von der Stirn abliest. Das passiert nicht, auch wenn Sie glauben, daß er dort superdeutlich geschrieben steht. Sie müssen es schon aussprechen, was sich erfüllen soll: »Ich wünsche mir, daß du den Tisch deckst, die Badewanne schrubbst, Brötchen holst« – und was sonst noch auf Ihrer Wunschliste steht. Im Wünschen liegt ein Zauber. Wünschen entspannt das Klima. Kinder wünschen sich gar manches, eine Geschichte, einen besonderen Brotaufstrich, einen Spaziergang zum Ententeich. Kinder sprechen ihre Wünsche offen aus.

Lernen Sie wieder, sich etwas zu wünschen, was dem anderen die Chance gibt, etwas für Sie zu tun, ob Kinder oder Partner oder nahe Angehörige.

Befehle kann jeder geben. Sie vergiften das Klima und fordern Widerspruch heraus.

»Ich wünsch' mir was von dir« hat Charme. So leicht kann da keiner widerstehen.

## Eine Handvoll Wörter

Und damit sind wir bei der Sprache, die ein ganz wesentlicher Punkt bei der Rückkehr ins Land des Lächelns ist.

Gewisse Dinge müssen getan werden, aber es ist mit Sicherheit ein großer Unterschied, ob sie befohlen oder gewünscht werden. Erinnern Sie sich noch an die zärtliche Sprache zwischen Ihnen und Ihrem Baby? Irgendwann wurde das alles härter, auch lauter, manchmal sogar ein wenig giftig. All die Neins und »Laß das!« und »Hör auf!« und »Jetzt nicht!« und »Warte gefälligst!« und »Du kriegst gleich eine!« und was da sonst noch alles an Worten umherfliegt, hat nicht mehr viel mit der einstmals so zärtlichen Sprache zu tun. Und wenn es ganz heiß hergeht, erreichen die Worte nicht selten die Schärfe von Waffen.

Erinnern Sie sich noch, was der oder jener mal zu Ihnen gesagt hat, als Sie noch ein Kind waren? Wie das geschmerzt hat, wie schwer man das wieder los wird, wie einen das begleitet, ob man will oder nicht? Man kann auch kaum mit anderen darüber reden, denn dann müßte man wiederholen, was da gesagt wurde. Aber das ist längst ein Tabu und kommt gar nicht mehr so locker nach oben.

Als Eltern noch nach Herzenslust prügelten und dies sogar mit ihrer Religion vereinbaren konnten, mag die

Man sagt etwas, was treffen soll. Und meist trifft das dann auch. Und der Getroffene hat dann lange zu strampeln, bis er das Gesagte wieder los ist, oft ein Leben lang. Das muß nicht sein.

Sprache weniger strapaziert worden sein. Wir heutigen Eltern haben zuweilen ja nur die Sprache. Und da kann es schon vorkommen, daß wir Ohrfeige meinen und Worte einsetzen.

## An der Sprache eskaliert so manches Zerwürfnis

Worte kann man nicht zurückholen, nicht ungehört machen. Sie fallen nach dem ersten Schmerz allmählich ins Unbewußte und führen dort ihr schlecht zu beeinflussendes Eigenleben.
Was ist zu tun?
Ich nehme mal an, daß Sie als aufgeklärte Mutter oder aufgeklärter Vater eine natürliche Sperre haben, die Hand gegen Ihr Kind zu heben. So eine natürliche Sperre kann man sich auch gegen verbale Waffen erwerben. Auch dazu ein paar Regeln oder, wenn Sie möchten, eine Handvoll Wörter, die Sie besser weglassen, und eine Handvoll Wörter, die eine Art Zauberformel sind. Fangen wir mit den letztgenannten an.

- Sagen Sie immer bitte, wenn Sie möchten, daß Ihr Kind etwas tut. Ihr Kind ist kein Hund, der gehorchen muß, sondern ein Mensch, der lernt und etwas einsehen möchte.
- Wenn Sie etwas verneinen oder verweigern müssen, fügen Sie hinzu: »Ich sag' dir auch, warum.« Wenn Ihr Kind daran gewöhnt ist, daß die Begründung auf dem Fuße folgt, bleibt der spontane Trotz aus, denn es hört Ihnen zu und überlegt das Gesagte.
- Laute Sprache kommt weniger gut an als die leisen Töne. Wenn Sie Ihr Kind aufmerksam machen wollen, schauen Sie es an und senken die Stimme. Ihr Kind liest in Ihrem Gesicht mehr, als Sie ahnen. Es hat Routine darin seit Babytagen.
- Benutzen Sie Ihre Sprache wie einen Blumenstrauß, der auf dem Tisch steht und ganz unterschwellig Freundlichkeit erzeugt. Sie müssen Ihrem Kind nicht

D ie Sprache ist ein heiliges Instrument, mit dem man heillose Schäden anrichten kann.

dauernd sagen, wie lieb Sie es haben. Wenn Sie im Vorübergehen sagen: »Du bist meine allergrößte Marzipankartoffel«, weiß es von ganz allein, daß Sie es liebhaben. (Statt Marzipankartoffeln können Sie auch andere Delikatessen einsetzen.)

- Wenn Sie sich über Ihr Kind geärgert haben, nennen Sie es meinetwegen Riesenquadrat-Suppennudel oder Schmierschmuddelbär, aber nehmen Sie keines der üblichen Wörter, um sich zu entlasten.

- Kinder sind von einer solchen fantasievollen Familiensprache hellauf begeistert. Ihr noch ursprünglicher Witz und Sinn für Humor werden voll befriedigt und finden Nahrung für eigene Wortschöpfungen. Ich kenne ehrenwerte Pädagogen und gescheite Lehrer, die total dagegen sind. Sie fürchten ums Hochdeutsche. Aber keine Bange, Ihre Kinder lassen die Privatsprache zu Hause, dort, wo sie hingehört. Als mein Sohn im ersten Schuljahr von seiner Lehrerin behauptete, sie sei ein Utschebebbes, aber achteckig, wußte ich, daß Schwierigkeiten im Anmarsch waren. Ich hatte recht.

- Sagen Sie lieber »Hoppla!« anstatt »Verdammt noch mal«. Das entschärft die Situation. Jenes nervige »Das habe ich dir schon hundertmal gesagt!« können Sie auch anders sagen: »Mir kommt es vor, als hätte ich das schon mal gesagt!« Das entspannt ebenfalls.

- Kontrollieren Sie einmal Ihre Sprache auf jene Restbestände hin, die noch aus Ihrer Kindheit stammen. Werfen Sie das ab, was Ballast ist. Mit vollem Munde spricht man nicht. Finden Sie das sinnvoll? Stecken Sie sich lieber selbst etwas in die Backe, und reden Sie auf das Kind ein. Dann schlucken Sie es runter und fragen, ob es etwas verstanden hat. Daran kann Ihr Kind lernen. Am antiquierten »Das tut man nicht« gibt es nur wenig zu lernen.

- Erkennbare Übertreibungen können sehr befreiend wirken: »Du machst einen Lärm wie 16 Tiger,

Lassen Sie Ihre liebevolle Fantasie sprechen, wenn Sie auf eine ungewöhnliche Situation stoßen, in der Ihnen weder Lachen noch Weinen hilfreich erscheint.

91

13 Straßenkehrmaschinen, eine rostige Tür, 25 Spülmaschinen und vier Kanalratten.« Oder: »Bei so einem Krach kann ich nicht telefonieren.« Kinder brauchen sinnliche Bilder, wenn sie verstehen sollen, was wir wollen. Mit verstaubten Worthülsen können sie nichts anfangen, denn ihre Welt ist bunt, figürlich und voller Fantasie.

- Reden Sie Ihr Kind nie mit Zweiwortbefehlen an, etwa »Laß das!« Beim Militär macht das vielleicht Sinn. Bei Ihrem Kind ist es schädlich. Es selbst hat gerade seine Zweiwortsätze überwunden und bildet schon große Sätze, da fangen Sie mit dem Babykram wieder an. Ihr Kind hat einen Vornamen! Sagen Sie ihm, was es lassen soll, und auch, warum. (»Thomas, nimm bitte die Finger aus der Schüssel, sonst erschrickt die Hefe. In fünf Minuten gebe ich dir Teig für dich allein, da kannst du matschen und patschen!«) Befehle reizen zum Trotz. Sprache appelliert an die Einsicht. Und sie hat noch einen unschätzbaren Vorteil: Ihr Kind lernt von Ihnen, wie gute Sprache klingt. Wo sonst soll es Sprache lernen?
- Sagen Sie manchmal lieber gar nichts. Es gibt Situationen, in denen man besser handelt als redet. Ihr Kind hat gerade ein Feuerchen entfacht. Sie sehen schon den Rest der Welt in Flammen aufgehen. Sie löschen mit einem trockenen Tuch, bis alle Flammen erstickt sind. Dann setzen Sie sich erst mal hin, bis Sie sich wieder gefaßt haben. Da Ihr Kind selbst einen gehörigen Schrecken bekommen hat, entfällt jede Strafpredigt, auch jede Drohung. Fragen Sie sich, was es jetzt zu lernen gibt. Und dann sagen Sie: »Ich glaube, wir müssen das mit dem Feuer mal gründlich üben. Vorher ist nichts mehr mit Feuer. Großes Ehrenwort?«
- Drohen Sie Ihrem Kind nicht. Dafür ist die Sprache zu schade. »Wenn du noch mal in die Hosen machst, hat Mama dich nicht mehr lieb« – wie traurig muß

einem Kind zumute sein, wenn ihm ein Mißgeschick passiert und dafür noch die Liebe entzogen wird. Sprechen Sie keine Drohungen aus. Die tun weh und bewirken nichts.

● Eine liebevolle Sprache hat sehr viel mit Augenzwinkern, mit Lachen und Lächeln zu tun. Erheben Sie sich mit den Flügeln der Sprache über die Mißgeschicke des Kinderalltags. Ihr Kind ist nicht lange Kind. Brandmarken Sie nicht, was es tut und läßt, mit geißelnden Worten. Helfen Sie ihm lieber mit Witz und Humor aus schwierigen Situationen wieder heraus. Erhalten Sie Ihrem Kind das Lachen, gleichviel, in welche Situationen es Sie oder sich selbst bringt.

# Fröhliche Kinder machen weniger Probleme

Wußten Sie, daß fröhliche, zufriedene, selbstbewußte Kinder weniger störanfällig in Krisensituationen sind, weniger krankheitsanfällig und weniger unfallgefährdet als Kinder, die unter ständigem Druck stehen und spüren müssen, daß man sie so, wie sie sind, nicht recht liebhaben kann?

Fröhliche Kinder lassen sich durch neue Situationen nicht erschrecken. Sie haben lernen dürfen, daß ihr Handeln ihnen keine Strafen oder Drohungen, nicht einmal Strafpredigten einbringt, sondern Augenzwinkern, Lachen, Lächeln, Akzeptanz und Ermutigung. Grenzen können sie besser einhalten als Kinder, denen vieles untersagt wird. Das liegt daran, daß ihr Erfahrungshorizont durch ungestörtes Experimentieren größer ist und sie besser abschätzen können, wann ein Risiko beginnt.

Alles, was Kinder tun und lassen, ist niemals so schlimm wie das, was Erwachsene tun und lassen. Zurechtgewiesen und verdroschen werden die Kinder, Kopfschütteln ernten die Erwachsenen. Hätten unsere Kinder, die ja noch lernen und probieren, nicht eher das milde Verhalten verdient?

Fröhliche Kinder gewinnen ihre Umwelt rasch für sich. Durch den regen Sympathieaustausch wächst ihr Selbstbewußtsein, und ihre Fähigkeit, auf andere zuzugehen, nimmt zu. Sowohl bei der Partnersuche als auch im Berufsleben wird ihnen diese Qualität zugute kommen. Jetzt werden Sie denken, schön und gut, aber wie bekommt man ein fröhliches Kind? Vielleicht ist ja Ihr Kind in diesem Augenblick gerade so pampig, daß Sie es am liebsten per Eilpost zum Mond schicken möchten. Wenn Ihr Kind als Baby ein Wonneproppen war, ein Strahlemann, ein lächelnder Herzensbrecher, dann können Sie davon ausgehen, daß es Talent zum Fröhlichsein hat. Vielleicht sollten Sie hier und da ein bißchen anders hinsehen, seine »Taten« anders bewerten, sein individuelles Entwicklungstempo gelassener akzeptieren und mit ganz viel Respekt vor der kindlichen Persönlichkeit gutheißen, daß Ihr Kind so ist, wie es ist: ein Original und keine Kopie von einem Musterkind, das es gar nicht gibt und nie gegeben hat.

*Die Welt ist voller Wunder. Und die einzige Antwort, die Kinder darauf geben können, heißt Staunen. Das Lachen in der Erziehung und das Staunen sind eng miteinander verwandt.*

## Über die Autorin

*Carola Schuster-Brink* war praktizierende Kindertherapeutin, bildete dann Erzieherinnen aus und arbeitete als Redakteurin für verschiedene Eltern-Kind-Zeitschriften. Als Mutter zweier Kinder kennt sie die vielfältigen Erziehungsprobleme und weiß daher, wie wichtig es ist, daß sowohl Kinder als auch Eltern im täglichen Miteinander das Lachen nicht verlernen.

## Literatur

Ballhausen, Ingeborg: Will mein Kind mich ärgern? Südwest Verlag, München 1993
Gürtler, Helga: Immer Krach um Teller, Topf und Bett. Südwest Verlag, München 1994
Gürtler, Helga: Kinder brauchen feste Regeln. Südwest Verlag, München 1993
Rosch, Eva: Mein Kind will kuscheln. Südwest Verlag, München 1994
Schuster-Brink, Carola: Kinderglück mit Fell und Pfoten. Südwest Verlag, München 1993
Schuster-Brink, Carola: Wenn Erziehung an den Nerven zehrt. Südwest Verlag, München 1994

## Hinweis

Das vorliegende Buch ist sorgfältig erarbeitet worden. Dennoch erfolgen alle Angaben ohne Gewähr. Weder Autorin noch Verlag können für eventuelle Nachteile oder Schäden, die aus den im Buch gemachten praktischen Hinweisen resultieren, eine Haftung übernehmen.

## Bildnachweis

Das Fotoarchiv: 11 (James Sugar), 41 (Tobias Gremme); IFA-Bilderteam: 36 (Heinz Koch), 79 (TPL), 83 (West Stock); Mautitius: 13 (Coll), 34 (Zarember), 84 (Dr. J. Müller); Hans Seidenabel: U2, U4, 9, 50; Tony Stone: Titelbild (U1): (Andre Perlstein), 5, 17, 19, 39, 94 (Peter Correz), 6 (Bruce Ayres), 16 (Pauline Cutler), 21 (Richard Meats), 24 (Joe Cornish), 30 (Niyati Reeve), 44/45 (Dale Durfree), 66 (TSW), 67 (Andy Cox), 69 (Christopher Bissell), 72 (David Hiser)

## Impressum

© 1995 Südwest Verlag Verlag GmbH & Co. KG, München
3. Auflage 1996
Alle Rechte vorbehalten. Nachdruck – auch auszugsweise – nur mit
Genehmigung des Verlages.

Lektorat: Christel Hofmann
Redaktionsleitung: Josef K. Pöllath
Produktion: Manfred Metzger
Umschlag, Illustrationen und Layout: Christine Paxmann, München
DTP/Satz: Kempf & Teutsch, München
Druck: Color-Offset, München
Bindung: R. Oldenbourg, München
Printed in Germany

Gedruckt auf chlor- und säurearmem Papier
ISBN 3-517-01645-4

# Register